Eva Rittinger

Süßes aus der Vollwertküche

Gesunde Rezepte und praktischer Rat

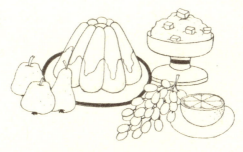

Gräfe und Unzer

Umschlagfotos:
Vorderseite: Quarkwaffeln, Rezept Seite 40. Überbackene Pfannkuchen, Rezept Seite 34. Crêpes Suzette, Rezept Seite 39.
2. Umschlagseite: Germknödel sind eine Spezialität der österreichischen Küche. Rezept Seite 31.
3. Umschlagseite: Eine Linzer Torte schmeckt mit Vollkorn-Mürbeteig und selbstgemachter Fruchtfüllung unvergleichlich gut. Rezept Seite 87.
Rückseite: Rhabarber in Weinschaum, Rezept Seite 52. Zimteis, Rezept Seite 63. Germknödel, Rezept Seite 31.

CIP-Kurztitelaufnahme der Deutschen Bibliothek

Rittinger, Eva

Süßes aus der Vollwertküche: gesunde Rezepte u. praktischer Rat / Eva Rittinger. – München: Gräfe und Unzer, 1983.

ISBN 3-7742-4623-8

1. Auflage 1983
© Gräfe und Unzer GmbH, München
Alle Rechte vorbehalten. Nachdruck, auch auszugsweise, sowie Verbreitung durch Film, Funk und Fernsehen, durch fotomechanische Wiedergabe, Tonträger und Datenverarbeitungssysteme jeglicher Art nur mit schriftlicher Genehmigung des Verlages.

Redaktion: Antje Schunka
Farbfotos: Susi und Pete A. Eising
Zeichnungen: Ingrid Schütz
Umschlaggestaltung: Heinz Kraxenberger
Reproduktionen: Brend'amour, Simhardt & Co.
Satz und Druck: Georg Appl
Bindung: R. Oldenbourg

ISBN 3-7742-4623-8

Eva Rittinger
stammt aus der Hallertau in Bayern und war nach ihrer Ausbildung zur medizinisch-technischen Laborantin 20 Jahre lang Hausfrau. Seit ihr Arzt sie auf die Notwendigkeit einer vollwertigen Ernährung – zur Ausheilung einer chronischen Erkrankung – hinwies, beschäftigt sie sich mit natürlicher Lebensweise.
Nach einer gewissen Umstellungs- und Eingewöhnungszeit schmeckte diese biologische Vollwertkost bald der ganzen Familie ausgezeichnet, und nicht nur das: sie hatte positive Auswirkungen auf die Gesundheit aller Familienmitglieder. Die Allergie der Kinder besserte sich wesentlich, Karies und Parodontose kamen zum Stillstand, Erkältungskrankheiten traten seltener auf und verliefen harmloser.
Eva Rittinger absolvierte nun eine Ausbildung als Hauswirtschaftsmeisterin und war besonders beeindruckt von Kursen des Ernährungswissenschaftlers Dr. Anemueller. Heute hält sie an Volkshochschulen, Erwachsenenbildungsstätten und berufsbildenden Schulen Vorträge und Kurse über Vollwertkost. 1981 wurde sie Mitarbeiterin des Bayerischen Rundfunks.

Inhalt

Ein Wort zuvor 6

Was ist Vollwert-Ernährung? 8
Der Fabrikzucker 8
Natürliche Süßungsmittel 9
Künstliche Süßstoffe 10
Das Getreide 10
Die Mühlen 11
Vollwert-Lebensmittel auf einen Blick 12
Lexikon der besonderen Zutaten 13
Maße und Gewichte 14

Erfrischende Kaltschalen 15
Apfelsuppe 15
Fruchtkaltschale 15
Holunderkaltschale 15
Pflaumensuppe 16
Buttermilchsuppe 16
Pfirsichkaltschale 16

Aufläufe, Pies und Strudel 19
Französischer Obstauflauf 19
Ofenschlupfer 19
Grießauflauf mit Früchten 20
Reisauflauf 20
Sauerkirschauflauf 20
Hirseflocken-Quark-Auflauf mit Obst 21
Zwiebackauflauf mit Früchten 21
Kirschenmichel 21
Süßer Kartoffelauflauf 22
Rhabarberauflauf 22
Brotauflauf 23
Türkenauflauf 23
Scheiterhaufen 23
Wespennester 24
Rohrnudeln 24
Zwetschgen- oder Aprikosennudeln 25
Topfenrahmstrudel 25
Apfel-Pie 26
Birnen-Pie 27
Graubündner Apfelwähe 27
Hirsesoufflé 28

Quarkkeulchen 28
Bavesen 29
Käsetaschen 29
Grießschnitten 29

Nockerl und Knödel 30
Tataren-Nockerl 30
Quarknockerl 30
Zwetschgenknödel nach böhmischer Art 30
Aprikosenknödel 31
Germknödel 31
Kirschenknödel 32

Pfannkuchen, Crêpes und Waffeln 33
Vollkornpfannkuchen – Grundrezept 33
Quarkpfannkuchen 33
Apfelpfannkuchen 33
Pfannkuchen Georgette 34
Überbackene Pfannkuchen 34
Blini 37
Kaiserschmarrn 37
Allgäuer Topfenschmarrn 38
Bayerischer Semmelschmarrn 38
Crêpes aus Vollkorn – Grundrezept 38
Crêpes Suzette 39
Gebackene Topfenpalatschinken 39
Mandelwaffeln 40
Quarkwaffeln 40
Fruchtwaffeln 40

Cremes, Puddings, Geleespeisen 41
Schokoladencreme 41
Mandelcreme 41
Sauerkirschcreme 41
Grießpudding 42
Mandelpudding 42
Buchweizengrütze 42
Hirsebrei 43
Grießflammeri 43
Reis Trauttmansdorff 43
Reis Romanow 44
Russische Creme 44

Inhalt

Bayerische Creme 44
Apfelgelee 45
Rohe rote Grütze 45
Rhabarbergrütze 45
Grüne Grütze 46
Zwetschgengrütze 46
Gelee aus rohen Früchten 46
Pfirsichschnee 47
Mandelgelee mit Sahne 47
Mokkacreme 47
Pflaumen in Gelee 48
Himbeergelee 48
Fruchtgelee 48

Obstdesserts, kalt und heiß 49
Feiner Obstsalat 49
Winterlicher Obstsalat 49
Ambrosia-Obstsalat 49
Roh gerührtes Rhabarberkompott 50
Kürbiskompott 50
Aprikosenkompott 50
Erdbeeren Romanow 51
Aprikosen Mistral 51
Flan 51
Zitronenschaum 52
Rhabarber in Weinschaum 52
Apfelbaiser 52
Äpfel mit Mandelhäubchen 55
Honigäpfel 55
Bratäpfel 55
Gebackene Bananen 56
Überbackene Grapefruits 56

Feines aus Sauermilch 57
Vanillequark 57
Pflaumencreme 57
Schlemmerfrühstück 57
Dattelcreme 57
Quarkcreme mit Sanddorn 58
Erdbeertraum 58
Errötendes Mädchen 58
Selbstgemachter Joghurt 58

Apfelcreme 59
Ambrosia-Creme 59
Creme nach Fürst Pückler Art 60
Joghurtmüsli 60
Fruchtjoghurt 60
Bananenmix 61
Erdbeermix 61
Orangenmix 61
Karottenmix 61

Eisspezialitäten 62
Fruchteis 62
Orangeneis 62
Vanille-Sahne-Eis 62
Eis nach Cassata-Art 62
Mandeleis 63
Zimteis 63

Süße Saucen 64
Kalte Vanillesauce 64
Heiße Vanillesauce 64
Erdbeersauce 64
Himbeersauce 64
Heidelbeersauce 64
Schokoladensauce 65
Weinschaum 65

Köstliches Konfekt 66
Leckerli 66
Marzipan 66
Gefüllte Pflaumen 66
Gefüllte Aprikosen 66
Nugat 67
Fruchtkonfekt 67
Dattelkonfekt 67
Sesamkonfekt 67
Rosinen-Rum-Kugeln 68
Lutscher 68

Kuchen, die jeder mag 69
Napfkuchen 69
Früchtekuchen 69

Inhalt

Feiner Tee-Kuchen 70
Leckerbissen des Sultans 70
Wiener Nußkuchen 70
Rhabarberkuchen mit Honigbaiser 73
Orangenkuchen 73
Schokoladenkuchen mit Sauerkirschen 74
Gewürzkuchen 74
Hefeteig – Grundrezept 74
Frühstückszopf 75
Bienenstich 75
Apfelrolle 76
Nußrolle 76
Zwetschgenrolle 77
Mohnrolle 77
Weihnachtsstollen 78
Kletzenbrot 78
Mürbeteig – Grundrezept 79
Mandelmürbeteig 79
Streusel 80
Obstkuchen mit Mandelbaiser 80
Ölteig – Grundrezept 80
Käsekuchen 81
Quark-Öl-Teig – Grundrezept 81
Apfelkuchen mit Guß 81
Apfel-Käse-Kuchen vom Blech 82
Apfeltaschen 82
Quarktaschen 83
Brandteig – Grundrezept 83
Windbeutel 84
Eclairs 84

Beliebte Torten 85
Biskuitteig – Grundrezept 85
Mandelbiskuitteig 85
Sahnetorte mit Früchten 86
Käse-Sahne-Torte 86
Apfeltorte 86
Linzer Torte 87
Herren-Torte 87
Rüblitorte 88
Walnußtorte 88
Mandeltorte 89

Plätzchen, Lebkuchen, Brötchen 90
Buttergebäck 90
Wiener Nußbusserl 90
Vanillekipferl 91
Spritzgebäck 91
Spitzbuben 91
Ingwerplätzchen 92
Dattelmakronen 92
Fruchtplätzchen 93
Amerikanische Sirupplätzchen 93
Fruchtschnitten 93
Mandelspekulatius 94
Wiener Lebkuchen 94
Basler Leckerli 95
Mandellebkuchen 95
Aniszwieback 96
Eierweckerl 96
Rosinenbrötchen 96
Quarkbrötchen 97

Marmeladen ohne Zucker 98
Marmelade mit Biobin 98
Marmelade mit Agar-Agar 98
Kalt gerührte Himbeer- oder
Erdbeermarmelade 98
Roh gerührte Zwetschgenmarmelade 99
Frische Pflaumen- oder
Aprikosenmarmelade 99
Apfelkraut 99
Powidl 99
Hollermarmelade 100
Obst haltbar machen 100

Rezept- und Sachregister 101

Ein Wort zuvor

Wer gesund essen will, muß vollwertig essen. Doch wer meint, Vollwertküche bedeute Verzicht auf Süßes, auf liebgewordene Mehlspeisen und Schleckereien, der wird in diesem neuen Band der Reihe »Die kleinen Vollwertkochbücher« eine erfreuliche Überraschung erleben. Man kann sich nämlich auch vollwertig »das Leben versüßen«. Und welche Vielfalt sich da auftut, werden Sie beim Anschauen der Rezepte und Farbfotos sogleich feststellen.

Zahlreiche beliebte Süßspeisen mit Tradition, aber auch ebenso viele neue Genüsse vom Hauptgericht bis zum Eis, Konfekt und Backwerk habe ich gesammelt und ausprobiert. Wenn Sie einmal das nußartige Aroma von frisch gemahlenem Getreide gekostet, wenn Sie Pfannkuchen oder Gebäck aus naturbelassenen Zutaten hergestellt haben, werden Sie nicht mehr von Verzicht sprechen.

Vollwertkost überrascht aber nicht nur den Gaumen, sie belohnt auch mit stabiler Gesundheit und daraus folgend seelischem Wohlbefinden. Daß Vollkornprodukte bis zu 15% weniger Energie enthalten und anhaltend sättigen, werden Sie bald an Ihrer Figur feststellen. Ein »gewichtiges« Argument in einer Zeit, in der ein Drittel aller Erwachsenen und ein Viertel aller Kinder Gewichtsprobleme haben! Und nicht zuletzt machen Vollkornprodukte Sie schöner: Die Ballaststoffe entschlacken den Körper und straffen das Bindegewebe.

»Was der Mensch ißt, das ist er«, sagte Arthur Schopenhauer vor rund 150 Jahren, und Paracelsus 450 Jahre davor »Deine Nahrungsmittel können deine Heilmittel sein!« Diese Sätze haben nichts an Aktualität verloren, denn die Zahl der ernährungsbedingten und -abhängigen Gesundheitsstörungen steigt stetig an; trotz Ausrottung der Volksseuchen und Einsatz von Antibiotika werden die Menschen immer häufiger krank. Darum spricht Dr. Anemueller heute von einer »Schutz- und Heilkost«.

Lebensqualität und Lebensdauer werden von der Ernährung bestimmt. Eine vernünftige Kost schafft die Voraussetzung für körperliche und seelische Gesundheit.

Eine Fehlernährung führt dagegen zur »Halbgesundheit« (Kollath): dieser Zustand zwischen »sich nicht mehr gesund fühlen« und »noch nicht krank sein« beeinflußt unser Wohlbefinden und unsere Leistungsfähigkeit. Wir sind müde, träge, reizbar, klagen über Antriebsschwäche und mangelnde Belastbarkeit, haben Kopfschmerzen, wenig Abwehrkräfte gegen Infektionen, Verdauungsbeschwerden und Gewichtsprobleme. Die Behandlung der Symptome genügt aber nicht, um unsere Gesundheit zu bessern, sondern wir müssen die Ursache – die Fehlernährung – beseitigen.

Die meisten Verbraucher wählen ihre Lebensmittel heute nach den Gesichtspunkten der Bequemlichkeit aus: Sie müssen preiswert, sauber und küchenfertig vorbereitet sein und einen hohen Genußwert haben. Doch die »gutbürgerliche Küche« ist nicht etwa auch gut für die Gesundheit. Ihre Zutaten stammen größtenteils aus der Überproduktion intensiv genutzter landwirtschaftlicher Betriebe und aus Fabriken der Lebensmittelindustrie, die aus Lebensmitteln isolierte, extrahierte, kombinierte, konservierte und hygienisch verpackte Nahrungsmittel macht.

Immer mehr Menschen sind aber schon bereit, umzudenken und sich umzustellen; sie konsumieren nicht mehr wahllos, was der Markt bietet. »Laßt die Nahrung so natürlich wie möglich«, dieser Satz von Prof. Kollath wird heute oft zitiert, wenn von Vollwertküche die Rede ist. Mit der industriellen Verarbeitung, der Vor- und Zubereitung verliert ein Lebensmittel an Qualität: die Nährstoffdichte sinkt, das heißt: das Verhältnis von essentiellen (= lebensnotwendigen) Nährstoffen zu energieliefernden (= Kalorien). Vollgetreide zum Beispiel enthält diese lebensnotwendigen Nährstoffe in ausreichender, ausgegli-

Ein Wort zuvor

chener Form und hat einen hohen Sättigungswert: Wir essen weniger und sind trotzdem länger satt. Eine hohe Energiedichte (= Verhältnis Energie zu essentiellen Nährstoffen) besitzen der Haushaltszucker und das Auszugsmehl der Type 405.
Beide sind schnell resorbierbare Kohlenhydrate, die dem Körper zwar rasch Energie zuführen, jedoch keine (Zucker) oder kaum (Mehl) Vitamine, Mineralstoffe, Ballaststoffe. Da diese Nahrungsmittel rasch gekaut und geschluckt werden, führen sie zur Überernährung bei gleichzeitiger Mangelernährung.
Die Vollwertkost verzichtet auf vor- und zubereitete Nahrungsmittel, sie bevorzugt Lebensmittel: frisch geschrotetes Getreide, Nüsse, naturbelassene Fette, Honig, Sirup, Trockenfrüchte, rohes Obst und Gemüse, Milch und Milchprodukte. Mit Ausnahme von Gemüse werden Sie alle diese naturgesunden Zutaten in den Rezepten dieses Buches wiederfinden und schon nach den ersten Versuchen feststellen, wie vielseitig man sie zubereiten kann.
In den ersten Rezeptkapiteln habe ich Ihnen süße Hauptgerichte – Aufläufe, Knödel, Pfannkuchen und vieles andere – aufgeschrieben. Sie sind, anders als süße Gerichte aus Auszugsmehl, wirklich sättigend; wer will, kann einen erfrischenden Salat oder eine leichte Suppe davor servieren. Dann folgen die Puddings, Cremes und Geleespeisen, die vielen Varianten mit Quark und Joghurt, zum Frühstück, als Imbiß oder als Dessert willkommen. Auch an Rezepte für süße Suppen, für Waffeln und Eis wurde gedacht. Wer gerne mal nascht, findet köstliche Konfekt-Spezialitäten, die viel würziger gelingen als mit Zucker. Zahlreiche Back-Ideen gibt es in den letzten Kapiteln, denn was wäre eine süße Vollwertküche ohne Plätzchen, Kuchen und Torten? Ganz zum Schluß finden Sie auch noch Anregungen für die Zubereitung von Marmelade und das Haltbarmachen von Obst.

Mit allen meinen Ratschlägen und Rezepten in diesem Buch möchte ich Ihnen zeigen, wie einfach es ist, sich naturgemäß und gesund zu ernähren.
Wenn Sie dann noch Ihre Vorsätze verwirklichen und sich regelmäßig, das heißt täglich in frischer Luft bewegen, sind Sie auf dem Weg zu einem gesunden Leben.

Ihre Eva Rittinger

Alle Rezepte sind, wenn nicht anders angegeben, für 4 erwachsene Personen berechnet.

Dieses »Mühlensymbol« kennzeichnet alle Rezepte, für die eine Getreidemühle notwendig ist.

Was ist Vollwert-Ernährung?

Was ist eigentlich Vollwert-Ernährung – ein Schlagwort, ein Modebegriff, eine neue Diät oder ...? Ich möchte Ihnen das so erklären: Vollwertig ist unsere Nahrung, wenn wir
1. die Energiezufuhr dem Bedarf anpassen, wenn
2. unsere Nahrung weitgehend schadstoff-frei ist und wenn sie
3. alle lebensnotwendigen Nähr-, Regler-, Faser- und Aromastoffe in ausreichender Menge enthält.

Diese Stoffe sind Kohlenhydrate und Fette als Energiespender, Eiweißstoffe, Wasser, Kalzium und Phosphor als Baustoffe, Vitamine, Mineralstoffe und Spurenelemente als Reglerstoffe, Faser- und Aromastoffe als funktionsfördernde Stoffe und zur Anregung der Darmperistaltik. Sie alle sind in naturbelassenen Lebensmitteln in ausreichender Menge vorhanden.

Was aber verwenden die meisten Menschen zur Zubereitung ihrer täglichen Mahlzeiten: Kartoffeln als Pulver oder Flocken oder als tiefgefrorene Stäbchen zum Fritieren, Gemüse aus der Dose, Obst konserviert oder als Saft, Getreide als wertarmes Auszugsmehl, gehärtete und raffinierte Fette. 75% unserer üblichen Nahrungsmittel sind be- oder verarbeitet, das bedeutet: sie sind energiereicher (durchschnittlich 2,3 Kalorien pro Gramm gegenüber unverarbeiteten mit 0,9 Kalorien pro Gramm);
verarbeitete Nahrungsmittel werden schneller zerkaut und geschluckt, dadurch wird das Sättigungsgefühl vermindert, das heißt, bis man satt ist, hat man schon zuviel gegessen;
be- und verarbeitete Nahrungsmittel sind ärmer an lebensnotwendigen Stoffen, besonders an Vitamin A und B sowie an Kalzium, Eisen und den Faserstoffen, wie man neuerdings die Ballaststoffe nennt.

Für zwei Nahrungsmittel des täglichen Bedarfs trifft das Gesagte in ganz besonderem Maße zu: für den Fabrikzucker und das Auszugsmehl Type 405.

Der Fabrikzucker

Fabrikzucker ist kein »Lebensmittel«, sondern ein »leeres Kohlenhydrat«. Bis vor 150 Jahren war Zucker in Deutschland nur als Gewürz bekannt; es gab noch keine einzige Zuckerrübenfabrik. Unter Fabrikzucker versteht man alle Zuckersorten, die fabrikmäßig hergestellt werden:
Fruchtzucker, der aus Rohrzucker gespalten wird und nicht etwa aus Früchten stammt, wie der Name vermuten läßt,
Traubenzucker, der aus Kartoffel- oder Maisstärke hergestellt wird und nicht aus Trauben,
Milchzucker, der aus Molke bereitet wird und
Haushaltszucker, den man aus Zuckerrohr oder Zuckerrüben gewinnt. In diese Familie gehört auch der sogenannte braune Zucker, ein Zuckerzwischenprodukt.

Alle diese Zuckerarten sind »isolierte Zucker«, sie wurden von ihren übrigen Bestandteilen wie Vitaminen und Mineralstoffen getrennt. Wenn man bedenkt, daß in Deutschland täglich 100 g Zucker pro Kopf verbraucht werden, müssen wir uns fragen, welche Folgen dieser hohe Zuckerkonsum für unsere Gesundheit hat.

1. Zum biochemischen Abbau von Kohlenhydraten, und das sind die Zucker, benötigt unser Körper Vitamin B_1. Da dem isolierten Zucker dieses Vitamin fehlt (in der Zuckerrübe ist es noch vorhanden!), raubt er dem Körper diesen Reglerstoff. Ernährungsforscher behaupten, daß die ganze zivilisierte Welt an einem Vitamin-B_1-Mangel leidet. Eine neuere Untersuchung ergab, daß nur 30% der deutschen Schulkinder genügend Vitamin B_1 mit der Nahrung zu sich nehmen. Vitamin B_1-Mangel verursacht Müdigkeit, Schlafstörungen, Konzentrationsschwäche, Kreislaufbeschwerden, Magen- und Darmstörungen. Lebensmittel, die dem Körper Vitamin B_1 liefern, sind Vollgetreide, Bierhefe, Hülsenfrüchte, Nüsse und Fleisch.

Was ist Vollwert-Ernährung?

2. Zucker ist ein Kalkräuber! In Japan haben Forscher festgestellt, daß Kinder mit einem hohen Verbrauch an Süßigkeiten einen höheren Kalkbedarf haben und häufiger unter körperlichen Schäden wie Knochenerweichung, -verbiegung und Fehlhaltung der Wirbelsäule leiden als Gleichaltrige, die weniger Süßigkeiten konsumieren.

3. Zucker ist ein Dickmacher! Nach dem Genuß von Zucker steigt der Blutzuckerspiegel steil an; das Hormon Insulin läßt den Blutzucker rasch wieder sinken. Dieser Vorgang verursacht erneut ein Hungergefühl. Das erklärt, warum süße Mahlzeiten kein anhaltendes Sättigungsgefühl hervorrufen. Zudem wird jedes Zuviel an Zucker vom Körper in Fett umgewandelt und im Unterhautgewebe abgelagert.

4. Zucker bildet einen idealen Nährboden für säurebildende Bakterien in der Mundhöhle, die den Zahnschmelz angreifen und Karies verursachen.

5. Der Psychologe Dr. Pudel von der Universität Göttingen spricht im Zusammenhang mit dem Zuckerkonsum sogar von mäßiger bis extremer Abhängigkeit, dessen Folgen leichte bis starke psychische Wesensveränderungen sind.

Natürliche Süßungsmittel

Die folgenden Süßungsmittel enthalten Vitamine, Mineralstoffe, Spurenelemente, Enzyme und Fermente. Je nach Beschaffenheit können wir sie für süße Hauptgerichte, für Desserts oder zum Backen vorzüglich verwenden.

Früchte: Alle süßen und reifen Früchte der Saison.

Trockenfrüchte: Sie süßen Kompotte und Kuchen und machen andere Süßungsmittel oft überflüssig. Ausgezeichnet schmeckt Marmelade aus Trockenfrüchten (siehe Seite 99). Verwenden Sie stets ungeschwefelte Trockenfrüchte; Schwefeldioxid zerstört Vitamin B_1. Empfindliche Menschen reagieren schon auf geringe Mengen Schwefeldioxid mit Kopfschmerzen oder Übelkeit.

Honig: Honig ist halb Lebensmittel, halb Heilmittel. Sicher wissen Sie, daß Honig bei Erkältungskrankheiten lindernd und vor dem Schlafengehen beruhigend wirkt? Bienenhonig enthält – im Gegensatz zum isolierten Zucker – neben Glukose und Fruktose (das sind Einfachzucker) Mineralstoffe, Spurenelemente, Aminosäuren, Fermente, Pigmente und Pollenkörner. Das Inhibin hemmt das Bakterienwachstum und das Cholin regt die Tätigkeit des Herzmuskels an.

Honig muß schonend gewonnen, gelagert und ohne Wärmeanwendung über 40 °C abgefüllt werden, wenn er seine wertvollen Bestandteile behalten soll. Wenn Sie Honig zum Kochen und Backen verwenden, verliert er einen Teil dieser Inhaltsstoffe.

Sie können auch Ihre eigenen Rezepte modifizieren und statt Zucker nun Honig verwenden. Zucker schmeckt neutral, Honig dagegen hat einen intensiven Eigengeschmack. Verwenden Sie deshalb geschmacksarme Honigsorten, zum Beispiel Blütenhonig, oder geben Sie Zitronen- oder Orangensaft zu den Speisen, das neutralisiert den Honiggeschmack. Bei Backrezepten ist zu beachten, daß bei Verwendung der gleichen Menge Honig der Teig flüssiger wird als bei Zucker. Meist genügt es aber, wenn Sie statt Zucker drei Viertel der Menge Honig verwenden.

Ahornsirup: Dieser eingedickte Saft des Zuckerahornbaumes kommt aus Kanada und den USA. Er wurde von Ureinwohnern entdeckt und man gewinnt ihn von 40 Jahre alten Bäumen. Geerntet wird im Frühjahr, wenn der Wechsel von frostigen Nächten und heißen Tagen den Saft aus den Wurzeln in die Stämme treibt. 40 l Saft geben eingedickt nur 1 l Sirup. Ahornsirup besitzt große Süßkraft und schmeckt sehr aroma-

Was ist Vollwert-Ernährung?

tisch. Versuchen Sie ihn zum Müsli, zu Joghurt, zu Quark und zu Pfannkuchen.
Apfel- und Birnendicksaft: Beide sind eingedickte Fruchtsäfte ohne Zuckerzusatz.
Zuckerrübensirup: Dieser Sirup wird durch Kochen und Eindicken von Zuckerrübensaft gewonnen. Er enthält Vitamine und Mineralstoffe sowie einen Wirkstoff gegen Arterienverkalkung und Bluthochdruck. Vorzüglich zur Herstellung von Vollkornlebkuchen und Früchtekuchen.
Bei einer Ernährungsumstellung auf Vollwertkost darf man aber *keinesfalls mengenmäßig Zucker gegen alternative Süßungsmittel austauschen,* denn auch Honig, Sirup und Dicksäfte lassen den Blutzuckerspiegel rapide ansteigen, sind Dickmacher und verursachen Karies. Das heißt: sparsamer, bewußter Umgang mit Süßem! Dadurch werden die Geschmacksnerven sensibler und aufnahmefähiger für den Eigengeschmack naturbelassener Lebensmittel.

Künstliche Süßstoffe

Saccharine und Cyclamate sind keine Lebensmittel. Das Krebsforschungszentrum in Heidelberg hat im Januar 1983 eine Studie veröffentlicht, wonach diese Stoffe keine krebserregenden oder -fördernden Eigenschaften besitzen. Dennoch ist von der Verwendung solcher Süßstoffe abzuraten, weil sie die Reizschwelle für die Geschmacksempfindung »süß« überhöhen.

Das Getreide

Das Getreide sollte im Mittelpunkt einer gesunden Ernährung stehen. Mehr als 15000 Jahre war es die Hauptnahrung der Menschheit. Lebensmittel sind um so wertvoller, je natürlicher sie sind. Wie aber kommen Getreideprodukte heute zum Verbraucher: gespritzt, begast, geschält, gemahlen, gesiebt, gelagert, gebacken, konserviert, verpackt.
Weizenauszugsmehl der Type 405 hat 80–90% seiner Nähr- und Wirkstoffe verloren, und zwar
86% Vitamin B_1,
69% Vitamin B_2,
50% Vitamin B_6,
86% Niacin,
100% Vitamin E,
84% Eisen,
75% Kupfer,
52% Magnesium,
72% Mangan,
77% Kalium,
95% Ballaststoffe.
Die Folgen eines solchen Nähr- und Wirkstoffmangels: Vitamin-B_1-Mangel verursacht Kopfschmerzen, Müdigkeit, Schlaflosigkeit, Kreislaufbeschwerden, Magen- und Darmstörungen.
Vitamin B_2, B_6 und Niacin sorgen für gesunde Haut und beugen nervösen Störungen vor. Vitamin E wird als »Fruchtbarkeitsvitamin« und »Altersbremse« bezeichnet.
Eisen und Kupfer benötigt der Körper zur Blutbildung,
Magnesium und Mangan sind Enzymbestandteile (Eiweißstoffe, die Reaktionen im Körper ermöglichen). Magnesium wirkt sich günstig auf die Herzfunktion aus.
Kalium regt die Harnausscheidung an.
Durch das Schälen des Getreidekorns gehen auch 95% Ballaststoffe verloren. Vor 100 Jahren enthielt die Nahrung etwa 100 g Zellulose/Tag, heute im Durchschnitt nur noch 23 g. Ballaststoffe haben die Fähigkeit, bis zum Fünffachen ihres Gewichtes Wasser zu binden. Zellulose füllt den Verdauungstrakt und wird unverdaut ausgeschieden. Dadurch erreicht man ein lang anhaltendes Sättigungsgefühl.

Was ist Vollwert-Ernährung?

Vollkornprodukte enthalten außerdem bis zu 15% weniger Energie = Kalorien. Sie sind also wahre Schlankmacher. Sie sorgen für eine geregelte und pünktliche Verdauung, das entgiftet den Körper, entschlackt das Bindegewebe und trägt wesentlich zum Wohlbefinden bei.
Die Schadstoffbelastung durch Getreide wird als »nicht problematisch« bezeichnet im Vergleich zu tierischen Nahrungsmitteln. Wissenschaftler vermuten, daß die Schadstoffe in der Schale schlechter resorbierbar sind.
Die einzelnen Getreidesorten entstanden durch Klima und Bodenbeschaffenheit; sie unterscheiden sich in ihrer Nährstoffzusammensetzung und im Geschmack.
Dinkel ist eine alte Kulturform des Weizens mit vorzüglichen Backeigenschaften. Dinkelmehl eignet sich für feines Gebäck, da es heller ist als Weizenvollkornmehl.
Gerste ist reich an B-Vitaminen und Vitamin E.
Grünkern ist gedarrter Dinkel. Er schmeckt herzhaft. Vorzugsweise werden Suppen und pikante Gerichte aus Grünkern hergestellt.
Hafer enthält 14% Eiweiß und 7% Fett. Er ist besonders leicht verdaulich. Regelmäßiger Genuß wirkt sich günstig auf die Stimmung aus, fördert die Aktivität und setzt das Schlafbedürfnis herab (es heißt nicht umsonst »Das Pferd sticht der Hafer«).
Hirse ist reich an Kieselsäure, daher ein wahres Kosmetikum, das zu schöner Haut, stabilen Nägeln und gesundem Haar verhilft. Hirsekörner lassen sich auch gut als Beilage, ähnlich wie Reis, verwenden.
Mais ist zum Backen ungeeignet; diese Getreidesorte enthält wenig Kleber. Maisgrieß wird zu Pudding und Polenta verarbeitet.
Reiskörner sind von zwei Schalen umschlossen, der Hülse und dem Silberhäutchen. Beim ungeschälten oder Naturreis bleibt das Silberhäutchen erhalten und somit die wertvollen Nähr- und Ballaststoffe.

Roggen hat einen intensiven Eigengeschmack, und das Mehl ist dunkler als die übrigen Getreidemehle.
Weizen ist das wichtigste Brotgetreide der Erde. Er besitzt einen hohen Anteil an Klebereiweiß, was seine hervorragenden Backeigenschaften erklärt. Weizen ist geschmacksneutral.
Buchweizen ist ein Knöterichgewächs. Er ist reich an Phosphor und Magnesium. Buchweizenmehl eignet sich gut zum Mischen mit Weizenvollkornmehl im Verhältnis 1:3. Vorzüglich schmecken Buchweizenpfannkuchen mit Ahornsirup.
Die Typenzahl beim gekauften Mehl gibt den Mineralstoffgehalt (und somit den Wert) an: Weizenmehl der Type 405 = in 100 g Mehl sind 0,405 g Mineralstoffe enthalten. Zum Vergleich: Weizenvollkornmehl hat die Type 1700!
Während Auszugsmehle bei sachgemäßer Lagerung lange haltbar sind, muß Vollgetreide immer frisch gemahlen werden. Nicht nur, weil es mit der Zeit ranzig wird, sondern: vom Zeitpunkt des Mahlens an werden durch Oxydation mit dem Sauerstoff der Luft die wertvollen Inhaltsstoffe des Vollkornmehls zerstört.

Die Mühlen

Reformhäuser und Naturkostläden führen Weizenmehle der Typen 550, 1050 und 1700 sowie Roggenmehle der Typen 1150, 1350 und 1800. Leider ist auf der Mehltüte das Datum des Mahltages nicht vermerkt! Für die Vollwerternährung ist eine Getreidemühle unerläßlich.
Elektrische Haushaltsmühlen mit Stahlmahlwerk, ausreichend für einen 4-Personen-Haushalt, gibt es schon für annähernd 200 Mark. Mühlen mit Natursteinen sind entschieden teurer. Für die ernährungsphysiologische Qualität des Mehls ist es gleichgültig, ob es mit Natursteinen oder mit

Vollwert-Lebensmittel auf einen Blick

	kcal	kJ	Eiweiß g	Fett g	Kohlen-hydrate g	Natrium mg	Kalium mg	Calcium mg	Magnesium mg	Eisen mg	Vitamine A i.E.	B$_1$ mg	B$_2$ mg	B$_6$ mg	C mg	E mg
Apfelkraut	286	1201	0,8	0	67											
Honig	304	1271	0,3		82,3	7	51	5	3	0,5	+	+	0,04	0,01	1	
Sirup	303	1268	10	0	65	40	**1500**	273	81	6,7						
(Zucker zum Vergleich)	(385)	(1609)	(0)	(0)	(100)	(0,3)	(0,5)	(0)		(0,04)	(0)	(0)	(0)		(0)	
Roggen	359	1502	12	2	69	40	115					0,35	0,17			
Gerste	346	1446	9	1,4	77	3	160	16	37	2	+	0,12	**0,65**	**1,70**		4,22
Hafer	387	1618	14	7	67	2	340	53	145	3,6			**0,55**	0,14	**0,75**		3,2
Haferflocken	402	1680	13,8	6,6	66	3	360	66	139	3,6			**0,4**	0,14	0,16		3,7
Weizen	363	1519	11,7	2	69	8	502	44	173	3,3		**0,48**	0,14	**0,44**		
Buchweizen	364	1523	9,77	1,73	72	2	324	21	85	3,2	0	**0,58**	0,15		0	
Grünkern	366	1530	12	3	67	2,8	447	22	130	4,2	0					
Hirse	360	1505	11	4	68	3	284	30	170	9		0,26	0,14		0	
Mais	96	401	3,5	1	22,1	0,4	300	3	38	0,7	400	0,15	0,12	0,22	12	9,5
Reis	360	1507	7,5	1,9	77	9	150	32	119	1,6	0	0,29	0,05		+	1,2
Agar-Agar	28	117		0,5	70											
Gelatine trocken	340	1421	**86**	0,1	+	30	20	10		+	+	+	+		+	
Sago	330	1381	2		82	3										
Aprikosen getrocknet	248	1038	4	0,5	54	11	**1370**	86	65	5	7430	+	0,15	0,25	12	
Datteln getrocknet	274	1145	2,2	0,5	73	1	790	59	65	3	50	0,09	0,1	0,1	3	
Feigen getrocknet	274	1145	4,3	1,3	59	34	780	126	82	3	80	0,1	0,1	**0,32**		
Pflaumen getrocknet	255	1066	2,1	0,6	67	6	700	51	32	4	1600	0,1	0,17	**0,5**	3	
Rosinen	289	1209	2,5	0,2	77	31	725	62	42	3,5	20	0,11	0,08	**0,3**	1	
Haselnüsse	**627**	**2621**	13	**61**	18	3	618	250	150	4,5	100	**0,47**	**0,55**	**0,34**	7,5	**28**
Mandeln	**598**	**2500**	19	**54**	19,5	3	690	234	252	4,7	75	0,25	**0,92**	0,1	+	**15**
Pistazien	**594**	**2483**	19	**54**	19		972	131	158	7	230	**0,67**	0,2			
Walnüsse	**651**	**2724**	15	**64**	16	4	450	99	134	3	30	**0,3**	0,13	1	2	**25**
Leinsamen	450	1881	20	35	13	+	590	260	**350**	+	+	0,41	0,96		9	2
Mohn	**536**	**2243**	20	41	19											
Sesam	**700**	**2930**	24	**54**	7	119	530	428	338	10		1	0,2			
Kakao (leicht entölt)	299	1250	20	25	44	60	900–3200	114	**420**	13	10	0,1	0,1		0	1
Caroben (Johannisbrot)	316	1327	4	1	69											
Milch 3,5% Fettgehalt	64	268	3	4	5	75	139	133	13	0,04	140	0,04	0,15	0,1	2	0,1
Joghurt 3,5% Fettgehalt	71	297	5	4	5	62	190	150	12	0,2	14,5	0,045	0,02	0,05	2	0,08
Magerquark	81	340	17	1	+	36	95	71		0,5		0,04	0,31		1	
Sahne	309	1298	2,4	31,7	3,4	34	112	80	10	+		0,03	0,15		1	0,8
Butter	**716**	**2997**	0,6	**81**	0,7	10	23	16	1	0,2	3300	+	0,01	+	+	2,8
Pflanzenmargarine	**724**	**3041**	1,0	**80**	+											
Maiskeimöl	**899**	**3776**	0	100	0	1	1	15		1,3	23					84

Besonders hohe Werte sind fett gedruckt. Bei fehlenden Angaben stehen keine Analysenwerte zur Verfügung.
Aus: Uhlich, Nahrungsmittel ABC (Pietsch Verlag) und Cremer, Die große Nährwert-Tabelle (Gräfe und Unzer Verlag).

Was ist Vollwert-Ernährung?

einem Stahlmahlwerk hergestellt wurde. Für viele Küchenmaschinentypen gibt es Mühlen-Zusatzgeräte. Wichtig beim Kauf einer Getreidemühle ist die Mahlleistung: für einen 4-Personen-Haushalt sollten 100 g Getreide pro Minute feingemahlen werden können. Ausführliche Beratung erhalten Sie in Fachgeschäften, im Elektro-Einzelhandel sowie in Reform- und Naturkosthäusern.

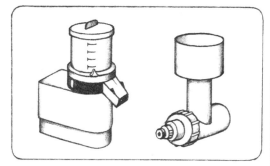

Im Fachhandel berät man Sie ausführlich, wenn Sie sich zum Kauf einer Getreidemühle entschließen.

Lexikon der besonderen Zutaten

Agar-Agar ist ein Geliermittel; es wird aus Meeresalgen gewonnen und enthält 3,5% Mineralstoffe. Sein Energiegehalt ist gleich null. ½ l Flüssigkeit und 1 gehäufter Teelöffel gemahlenes Agar-Agar ergeben nach dem Erkalten ein schnittfestes Gelee. 1 Teelöffel Agar-Agar entspricht 1 Teelöffel gemahlener Gelatine oder 2 Blatt Gelatine. Agar-Agar ist im Reform- und Naturkosthaus erhältlich.
Ahornsirup enthält Vitamine und Mineralstoffe, schmeckt aromatisch und besitzt große Süßkraft. Erhältlich im Lebensmittel- und Reformhandel.
Alkohol als Zutat in den Rezepten wird als Geschmackszutat verstanden. Beim Erhitzen und Backen verfliegt der Alkohol und das Aroma bleibt. Anders ist es bei ungekochten und ungebackenen Speisen. Für Kinder, Kranke und solche, die Alkohol meiden sollten, ersetzen Sie die im Rezept angegebenen Mengen durch ungezuckerte Säfte, Milch oder Sahne.
Biobin wird aus Johannisbrotkernen gewonnen und ist ein pflanzliches Bindemittel. Sein Energiewert ist gleich null. Nur im Reformhaus zu beziehen.
Caroben ist das pulverisierte Fruchtfleisch des Johannisbrotbaumes. Der Geschmack und die Farbe sind ähnlich wie bei Kakao. Caroben enthält jedoch viele Vitamine, Mineralstoffe und Pektine, wenig Kalorien, keine stimulierenden Wirkstoffe und wirkt leicht stopfend.
Getreide aus biologischem Anbau oder in Demeter-Qualität erhalten Sie im Reform- und Naturkosthaus oder beim Bauern.
Haferflocken sind gedarrte, gewalzte Haferkörner. Sie sollten nur in Vollkornqualität verwendet werden. Kühl und nur kurz lagern!
Hirseflocken sind reich an Eiweiß, Kieselsäure und Fluor. Sie eignen sich zum Mischen mit Haferflocken fürs Müsli, zum Andicken von Saucen und Gemüsen, für Suppen und Aufläufe. Erhältlich im Reform- und Naturkosthaus.
Honig muß naturrein, sorgfältig gelagert und abgefüllt sein. Beim Kochen und Backen gehen Wirkstoffe bei Temperaturen über 40 °C verloren.
Joghurt sollte mit Kulturen aus rechtsdrehender Milchsäure hergestellt sein. Verwenden Sie deshalb Sanoghurt (siehe unten) oder bereiten Sie sich selbst Joghurt zu (Rezept Seite 58).
Nüsse sollten nicht auf Vorrat gekauft und gemahlen werden. Bevorzugen Sie bei Haselnüssen die »runden Römer«, sie sind fett- und dadurch energieärmer.
Nuß- und Mandelmus gibt es im Reformhandel.
Rosinen siehe Trockenfrüchte.
Sanoghurt ist ein Sauermilcherzeugnis mit über

Was ist Vollwert-Ernährung?

95% rechtsdrehender Milchsäure und leicht verdaulichem Eiweiß. Nur im Reformhaus erhältlich.
Sauerteig erhalten Sie im Reform- und Naturkosthaus.
Sesam schmeckt nußartig und ist reich an hochwertigem Eiweiß und an Mineralstoffen.
Trockenfrüchte sollten nur in ungeschwefelter Qualität gekauft werden, da Schwefeldioxid Vitamin B_1 zerstört und Unwohlsein hervorrufen kann.
Vanille gibt es als Schoten oder gemahlen ohne Zuckerzusatz (im Reformhaus). Man kann Vanillepulver auch selbst herstellen, das ist preiswerter: 2 Vanilleschoten kleinschneiden und mit 1 Eßlöffel Weizenkörnern in der Moulinette mehlfein mahlen. In einem verschlossenen Glas aufbewahren.
Vollkornbrösel lassen sich aus altbackenen Vollkornbrötchen durch Mahlen in der Getreidemühle herstellen.
Vollweizengrieß ist im Reform- und Naturkosthaus erhältlich.
Zitronen- und Orangenschale darf nur von Früchten mit unbehandelter Schale verwendet werden. Die Früchte müssen vor dem Abreiben heiß gewaschen und abgetrocknet werden.

Meßgeräte ersparen zeitraubendes Abwiegen. Benützen Sie aber stets die gleichen Löffel, Tassen oder Becher, deren Fassungsvermögen Sie kennen. Dann gelingt alles gleichmäßig gut.

Zuckerrübensirup wird durch Kochen, Pressen und Eindicken von Zuckerrüben gewonnen. Er enthält Vitamine und Mineralstoffe sowie einen Wirkstoff gegen Arteriosklerose und Bluthochdruck. Zuckerrübensirup eignet sich zur Zubereitung von Lebkuchen und Früchtebrot.

Maße und Gewichte

Maße und Gewichte in g	Stück, Scheibe, Packung	gestrichener Teelöffel	gestrichener Eßlöffel	gehäufter Eßlöffel
Agar-Agar	8			
Backhefe	42			
Backpulver		3	10	
Getreide, ungemahlen			20	25
Grieß		4	12	
Haferflocken		4	10	
Honig		10	30	
Leinsamen		4	12	
Öl		4	10	
Quark			30	
Reis roh		5	15	
Sahne flüssig			15	
Salz		5	15	
Vollkornbrösel		3	10	
Vollkornmehl		5	15	25
Weizenkeime			10	
Weizenkleie			5	

Wasser: ⅛ l = 125 ml
¼ l = 250 ml
¾ l = 750 ml
100 ml = 6 Eßlöffel
125 ml = 8 Eßlöffel = 1 Tasse

Erfrischende Kaltschalen

Kalte süße Suppen und Kaltschalen wecken die Lebensgeister an heißen Sommertagen. Sie können wahlweise mit Obstsaft oder Wein zubereitet und mit Agar-Agar oder Biobin gebunden werden.

Apfelsuppe

1 kg säuerliche Äpfel · 1 l Wasser · 1 Zimtstange · 2 ganze Nelken · 1 Zitrone (Schale unbehandelt) · ¼ l trockener Weißwein oder ungesüßter Apfelsaft · etwa 125 g Honig · 1 gestrichener Teel. Agar-Agar · 4 Eßl. Sahne

Zubereitungszeit: 35 Minuten
Kühlzeit: 1 Stunde

Die Äpfel schälen, von Kernhaus, Stiel und Blüte befreien und in Schnitze schneiden. Die Apfelschnitze mit dem Wasser, der Zimtstange, den Nelken und der spiralig dünn abgeschnittenen Zitronenschale zum Kochen bringen. Alles zugedeckt auf der ausgeschalteten Herdplatte ziehen lassen, bis die Äpfel zerfallen sind. Die Gewürze entfernen. Den Obstbrei mit dem Schneebesen musig schlagen. Den Wein oder den Apfelsaft und den Honig zugeben, dann nochmals erhitzen. Das in wenig Wasser gelöste Agar-Agar unterrühren. Die Suppe auf vier tiefe Glasteller verteilen und kühl stellen. Zum Servieren in die Mitte je 1 Eßlöffel ungeschlagene Sahne geben.

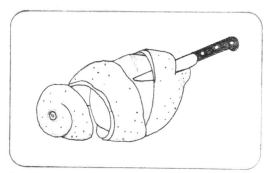

Das Messer zum Abschälen der Zitronenschalenspirale muß scharf sein, damit sie (ohne das Weiße) dünn wird.

Fruchtkaltschale

20 g Butter · 50 g geschälte, blättrig geschnittene Mandeln · 300 g Erdbeeren · 200 g Himbeeren · 4 Aprikosen · 1 Banane · 400 ml Milch · 1 Becher Joghurt (175 ml) · etwa 100 g Honig

Zubereitungszeit: 30 Minuten

Die Butter in einer Pfanne erhitzen, die Mandeln darin goldbraun rösten, dann abkühlen lassen. Die Erdbeeren und Himbeeren waschen, wenn nötig, von Stielen befreien und auf Küchenkrepp trocknen lassen. Die Aprikosen mit kochendem Wasser überbrühen, häuten, entkernen und in Würfel schneiden. Die Banane schälen und in Scheiben schneiden. Auf vier tiefe Glasteller die Aprikosen- und Bananenstücke gleichmäßig verteilen. Nun die Milch, das Joghurt, die Erdbeeren und Himbeeren vermengen, pürieren und nach Bedarf mit Honig süßen. Den Fruchtbrei über das vorbereitete Obst in den Tellern gießen und mit den Mandelblättchen bestreuen.

Holunderkaltschale

1 kg Holunderbeeren · ¾ l Wasser · 1 Zimtstange · 3 ganze Nelken · 2–3 Eßl. Honig · nach Belieben ¼ l Rotwein · 1 gestrichener Teel. Agar-Agar

So gelingt der französische Obstauflauf bestimmt. ▷
Rezept Seite 19.
Zum Bild auf Seite 18: Locker und fruchtig schmeckt
ein Grießauflauf. Rezept Seite 20.

Zubereitungszeit: 35 Minuten
Kühlzeit: 1 Stunde

Die Beeren waschen und entstielen. Mit dem Wasser, der Zimtstange und den Nelken zum Kochen bringen, dann zugedeckt auf der ausgeschalteten Herdplatte 10 Minuten ziehen lassen. Die Gewürze entfernen. Das Mus durch ein Sieb streichen. Mit dem Honig und Wein abschmekken, dann die Masse nochmals erhitzen. Das Agar-Agar in wenig Wasser anrühren, zur Fruchtmischung geben, verrühren und kühl stellen.

Pflaumensuppe

500 g Pflaumen · ¾ l Wasser · ½ Zitrone (Schale unbehandelt) · 1 Zimtstange · 2 ganze Nelken · 2–3 Eßl. Honig · ¼ l trockener Weißwein oder ungesüßter Fruchtsaft, zum Beispiel Quittensaft · 1 gestrichener Teel. Agar-Agar

Zubereitungszeit: 30 Minuten
Kühlzeit: 1 Stunde

Die Pflaumen waschen und entsteinen. Das Wasser mit der dünn abgeschälten Zitronenschale und den Gewürzen zum Kochen bringen. Die Früchte zugeben und 5 Minuten auf der ausgeschalteten Herdplatte zugedeckt ziehen lassen. Dann die Gewürze entfernen. Das Kompott süßen. Den Wein oder Saft zugeben, erhitzen und nochmals abschmecken. Das in wenig Wasser angerührte Agar-Agar unterrühren, kühl stellen.

Buttermilchsuppe

400 g Birnen · 1 ganze Nelke · 1 Zimtstange · 1 l Buttermilch · 1 Prise Salz · Honig nach Bedarf · abgeriebene Schale von ½ Zitrone (Schale unbehandelt) · ½ Teel. Agar-Agar

Zubereitungszeit: 30 Minuten
Kühlzeit: 1 Stunde

Die Birnen halbieren, vom Kernhaus befreien, schälen und kleinschneiden. Die Fruchtstücke mit der Nelke und der Zimtstange in so wenig Wasser wie möglich weich dünsten; sie sollen nicht zerfallen. Dann die Gewürze entfernen. Nun die Buttermilch mit dem Salz erhitzen, aber nicht kochen. Das Agar-Agar in wenig Wasser anrühren, zur Buttermilch geben und verrühren. Die Birnenstücke zugeben. Mit Honig und der Zitronenschale abschmecken. Kalt stellen.

Pfirsichkaltschale

50 g grobe Haferflocken · 20 g Butter · 1 kg Pfirsiche · ½ l Wasser · abgeriebene Schale von ½ Zitrone (Schale unbehandelt) · etwa 100 g Honig · ½ Teel. Agar-Agar · ¼ l Weißwein oder ungesüßter Apfelsaft

Zubereitungszeit: 40 Minuten
Kühlzeit: 1 Stunde

Die Haferflocken in der Butter goldbraun rösten und abkühlen lassen. Die Pfirsiche brühen, häuten, halbieren und entkernen. Das Wasser mit der Zitronenschale bis fast zum Kochen bringen, dann den Honig und das in wenig Wasser gelöste Agar-Agar zugeben; abkühlen lassen. Die Hälfte der Früchte mit dem Wein oder Saft pürieren, die andere Hälfte kleinschneiden. Wenn die Honigflüssigkeit etwas steif zu werden beginnt, den Fruchtbrei und die Früchte zugeben. Abschmecken und kühl stellen. Mit den Haferflocken bestreuen.

Aufläufe, Pies und Strudel

Aufläufe, Pies und Strudel bereichern den Speiseplan mit Gerichten aus nährstoffreichem Vollgetreide. Sie eignen sich vorzüglich als Hauptmahlzeit und sollten mit Frischkost, das heißt Salat oder Obst ergänzt werden. Knusprige Schnitten aus der Pfanne und Gebackenes, wie die beliebten Rohrnudeln, finden Sie ebenfalls in diesem Kapitel.

Französischer Obstauflauf

Bild Seite 17

5 Eßl. Pflanzenöl · 3 Eßl. flüssiger Honig · 1 Zitrone (Schale unbehandelt) · 3 Eier · 150 ml Milch · 75 g Buchweizen, fein gemahlen · 75 g Weizen, fein gemahlen · je 500 g Äpfel und Birnen oder je 500 g Äpfel und Zwetschgen · 1 Eßl. Haselnüsse
Für die Form: Butter

Zubereitungszeit: 40 Minuten
Backzeit: etwa 45 Minuten

Das Öl, den Honig, die abgeriebene Schale von ½ Zitrone, die Eier und die Milch mit den Quirlen des Handrührgerätes verrühren. Das Buchweizen- und das Weizenmehl unterrühren und den Teig 30 Minuten ruhen lassen. In der Zwischenzeit eine runde Auflaufform mit etwa 26 cm Durchmesser ausbuttern. Die Früchte vierteln, schälen, von Kernhaus, Stiel und Blüte befreien und in Schnitze schneiden, beziehungsweise die Zwetschgen waschen und entsteinen. Die Früchte mischen und mit dem Saft der Zitrone beträufeln. Die Nüsse grobhacken. Den Backofen auf 200 °C vorheizen. Die Früchte auf dem Boden der Form verteilen. Der Teig sollte die Konsistenz eines Pfannkuchenteiges haben, das heißt eventuell noch Milch oder Mehl zugeben. Den Teig über die Früchte gießen. Auf der Oberfläche die Nüsse verteilen. Den Auflauf auf der mittleren Schiene etwa 45 Minuten backen lassen. Heiß servieren.

Ofenschlupfer

Dieser Auflauf ist eine Spezialität aus dem Schwabenland.

500 g säuerliche Äpfel · 1 Zitrone (Schale unbehandelt) · 3 altbackene Vollkornbrötchen · 50 g Mandeln oder Haselnüsse · 2 Eßl. ungeschwefelte Rosinen · ½ l Milch · 1 Eßl. Vollkornbrösel · ½ Teel. Zimt · 1 Messerspitze gemahlene Vanille · 2–3 Eßl. Honig · 1 Prise Salz · 2 Eier · 40 g Butter
Für die Form: Butter

Zubereitungszeit: 40 Minuten
Backzeit: etwa 50 Minuten

Eine feuerfeste Auflaufform ausbuttern. Die Äpfel schälen, von Kernhaus, Stiel und Blüte befreien und in feine Scheiben schneiden. Von der halben Zitrone die Schale abreiben und zugedeckt beiseitestellen. Den Saft der ganzen Zitrone auspressen und die Apfelscheiben damit beträufeln. Die Brötchen ebenfalls in feine Scheiben schneiden. Die Mandeln oder Nüsse grobhacken. In die Form lagenweise die Brötchen und die Apfelscheiben schichten, dazwischen die Mandeln oder Nüsse und die Rosinen verteilen. Die erste und letzte Schicht sollte aus Brötchen bestehen. Nun die Milch erwärmen, die Brösel, die Gewürze, den Honig, die abgeriebene Schale der Zitrone und das Salz zugeben. Die Eier in der Milch verrühren und die Flüssigkeit über die Brot-Apfel-Mischung gießen. Die Butter in Flöckchen auf der Oberfläche verteilen. Den Auflauf etwa 50 Minuten bei 220 °C goldbraun backen.

Aufläufe, Pies und Strudel

Grießauflauf mit Früchten

Bild Seite 18

250 g Früchte (Äpfel, Birnen, Aprikosen, Pfirsiche, Pflaumen oder Kirschen) · ½ l Milch · 1 Prise Salz · 125 g Vollweizengrieß · 2 Eier · 70 g Butter · ½ Zitrone (Schale unbehandelt) · etwa 2 EBl. flüssiger Honig
Für die Form: Butter

Zubereitungszeit: 35 Minuten
Backzeit: etwa 1 Stunde

Die Früchte vorbereiten (waschen beziehungsweise schälen, entkernen) und kleinschneiden. Die Milch mit dem Salz in einem kalt ausgespülten Topf zum Kochen bringen. Den Grieß einstreuen, aufkochen und 10 Minuten bei milder Hitze ausquellen lassen. Die Eier trennen. Die Eiweiße steif schlagen. 50 g Butter mit den Eigelben, dem Saft und der abgeriebenen Schale der halben Zitrone sowie dem Honig cremig rühren, dann mit dem Grießbrei verrühren. Den Eischnee vorsichtig unterziehen. Eine gebutterte Auflaufform Schicht für Schicht mit Grießbrei und Früchten füllen, als letzte Schicht Grießbrei. Die Oberfläche mit der restlichen Butter in Flöckchen belegen. Den Auflauf in den kalten Backofen auf die mittlere Schiene schieben und etwa 60 Minuten bei 200 °C backen lassen.

Reisauflauf

3 Tassen Wasser · 1 Prise Salz · knapp 2 Tassen Natur-Rundkornreis · 2 EBl. ungeschwefelte Rosinen · 2 Eier · 3 EBl. Sahne · 2 EBl. Honig · abgeriebene Schale von ½ Zitrone und ½ Orange (Schale unbehandelt) · 20 g Butter
Für die Form: Butter

Zubereitungszeit: 15 Minuten
Garzeit: 40 Minuten
Backzeit: etwa 1 Stunde

Das Wasser mit dem Salz zum Kochen bringen. Den Reis einstreuen, aufkochen und zugedeckt bei milder Hitze in 40 Minuten ausquellen lassen. Die Rosinen in heißem Wasser quellen lassen. Die Eier trennen. Den gegarten, etwas abgekühlten Reis mit den Eigelben, der Sahne, dem Honig, der abgeriebenen Schale der Zitrone und Orange sowie den abgetropften Rosinen verrühren. Die Eiweiße steif schlagen und den Eischnee unter den Reis ziehen. Eine Auflaufform ausbuttern, die Masse einfüllen. Die 20 g Butter in Flöckchen auf der Oberfläche verteilen. Den Reisauflauf auf die mittlere Schiene des kalten Backofens stellen und bei 200 °C etwa 60 Minuten backen lassen.

Sauerkirschauflauf

500 g Sauerkirschen · 3 altbackene Vollkornbrötchen · etwa ½ l Milch · 2 Eier · 2–3 EBl. Honig · 1 gestrichener Teel. Zimt · 1 Prise gemahlene Nelken · abgeriebene Schale von ½ Zitrone (Schale unbehandelt) · 20 g Butter
Für die Form: Butter

Zubereitungszeit: 25 Minuten
Backzeit: 65–70 Minuten

Die Kirschen waschen und auf Küchenpapier abtrocknen lassen, wenn nötig, entstielen. Die Brötchen in Scheiben schneiden. Die Milch erwärmen, mit den Eiern, dem Honig, den Gewürzen und der Zitronenschale verrühren und über die Brotscheiben gießen. Eine Auflaufform ausbuttern. Die Kirschen unter die Brötchenmasse heben. Den Teig in die Form füllen und die Teig-

Aufläufe, Pies und Strudel

oberfläche mit Butterflöckchen belegen. Den Auflauf auf die mittlere Schiene des kalten Backofens stellen und bei 200 °C 65–70 Minuten backen lassen.

Hirseflocken-Quark-Auflauf mit Obst

Zutaten für 4–6 Personen:
500 g Früchte (Äpfel, Birnen, Aprikosen, Pfirsiche, Zwetschgen oder Kirschen) · eventuell Zitronensaft · 3 Eier · 500 g Magerquark · 5 Eßl. Sahne · 3–4 Eßl. Honig · 5 gestrichene Eßl. Hirseflocken · ½ Zitrone (Schale unbehandelt) · 2 Eßl. Haselnüsse · 20 g Butter Für die Form: Butter

Zubereitungszeit: 25 Minuten
Backzeit: etwa 1 Stunde

Das Obst waschen oder schälen, wenn nötig, entkernen und kleinschneiden; Äpfel grobraspeln und mit Zitronensaft beträufeln, damit sie sich nicht verfärben. Die Eier trennen. Den Quark mit der Sahne, dem Honig und den Eigelben cremig rühren. Die Hirseflocken sowie den Saft und die abgeriebene Schale der Zitrone zugeben. Die Eiweiße steif schlagen und den Eischnee unter den Teig ziehen. Die vorbereiteten Früchte unterheben. Eine feuerfeste Form mit Butter ausstreichen und den Teig einfüllen. Die Nüsse grobhacken und auf der Teigoberfläche verteilen. Die Butter in Flöckchen obenaufsetzen und die Form auf die mittlere Schiene des kalten Backofens stellen, Den Auflauf bei 200 °C in etwa 60 Minuten goldgelb backen.

Zwiebackauflauf mit Früchten

300 ml Milch · 1 Prise Salz · 250 g Vollkornzwieback · 500 g Obst (Äpfel, Birnen, Aprikosen, Pfirsiche, Kirschen oder Zwetschgen) · ½ Zitrone (Schale unbehandelt) · 4 Eier · 250 g Magerquark · 3–4 Eßl. Honig Für die Form: Butter

Zubereitungszeit: 30 Minuten
Backzeit: 50–55 Minuten

Die Milch mit dem Salz erhitzen. Den Zwieback zerbröckeln und mit der Milch übergießen. Die Früchte waschen oder schälen, entkernen und kleinschneiden. Die Zitrone abreiben und auspressen. Das Obst mit dem Zitronensaft beträufeln. Die Eier trennen. Den Zwiebackbrei mit den Eigelben, dem Quark, der Zitronenschale und 2–3 Eßlöffeln Honig verrühren. Die Masse in eine gebutterte Auflaufform füllen und die Früchte darauf verteilen. Einen Deckel auf die Form legen oder die Form mit Alufolie verschließen. Den Auflauf auf die mittlere Schiene des kalten Backofens stellen; die Temperatur auf 200 °C schalten. Nach 35 Minuten die Eiweiße steif schlagen und mit 1 Eßlöffel Honig süßen. Den Eischnee auf den Auflauf streichen und diesen noch 15–20 Minuten ohne Deckel backen lassen, bis das Baiser goldgelb ist.

Kirschenmichel

4 altbackene Vollkornbrötchen oder 8 Scheiben Vollkorntoastbrot · heiße Milch nach Bedarf · 750 g Sauerkirschen · 3 Eier · 75 g Mandeln · 70 g Butter · 2–3 Eßl. flüssiger Honig · ½ Teel. Zimt · 2 Messerspitzen gemahlene Nelken Für die Form: Butter · Vollkornbrösel

Aufläufe, Pies und Strudel

Zubereitungszeit: 45 Minuten
Backzeit: etwa 50 Minuten

Die Brötchen oder das Brot in Würfel schneiden, mit heißer Milch übergießen und quellen lassen. Die Kirschen waschen und entsteinen. Die Eier trennen. Die Mandeln feinreiben. 50 g weiche Butter mit den Eigelben, dem Honig und den Mandeln verrühren. Mit den Gewürzen abschmecken. Die Eiweiße steif schlagen. Die Eicreme mit dem eingeweichten Brot vermengen. Den Eischnee vorsichtig unterziehen, dann die Kirschen unter den Teig heben. Die Masse in eine ausgebutterte, ausgebröselte Form füllen, mit der restlichen Butter (20 g) in Flöckchen belegen. Den Auflauf auf die mittlere Schiene des kalten Backofens stellen und bei 200 °C etwa 50 Minuten backen lassen.

Süßer Kartoffelauflauf

250 g mehlig kochende Kartoffeln, am Vortag gekocht · 100 g Mandeln · 4 Eier · 100 g Butter · 2 Eßl. flüssiger Honig · abgeriebene Schale von ½ Zitrone (Schale unbehandelt)
Für die Form: Butter

Zubereitungszeit: 20 Minuten
Backzeit: 35–40 Minuten

Die Kartoffeln und die Mandeln reiben. Die Eier trennen. Die Butter mit dem Honig und den Eigelben cremig rühren. Die Kartoffeln, die Mandeln und die Zitronenschale zugeben. Den Backofen auf 200 °C vorheizen. Die Eiweiße steif schlagen und vorsichtig unter den Teig ziehen. Eine Auflaufform ausbuttern. Den Kartoffelteig einfüllen. Den Auflauf auf der mittleren Schiene des Backofens in 35–40 Minuten backen.

Das paßt dazu: Kompott. Sehr fein schmeckt dazu Kompott von Trockenfrüchten, zum Beispiel Aprikosen (Rezept Seite 50).

Rhabarberauflauf

500 g Rhabarber · 175 g Butter · 185 g flüssiger Honig · 2 Eier · 2 Messerspitzen gemahlene Vanille · 175 g Buchweizen, fein gemahlen · 100 g Weizen, fein gemahlen · 1 gestrichener Teel. Backpulver · 50 g Haselnüsse
Für die Form: Butter

Zubereitungszeit: 35 Minuten
Backzeit: etwa 50 Minuten

Den Rhabarber schälen und in 2 cm lange Stücke schneiden. 125 g Butter mit 125 g Honig und den ganzen Eiern schaumig rühren. Die Vanille, die beiden Mehlsorten und das Backpulver unterrühren. Die Haselnüsse grobhacken, mit 50 g Butter und 2 Eßlöffeln Honig verrühren und erhitzen. Nun eine Auflaufform ausbuttern. Zuerst die heiße Haselnußmasse auf dem Boden der Form verstreichen, darauf die Rhabarberstückchen verteilen. Nun den Teig mit einem Teigschaber auf die Fruchtstücke streichen und die Form auf die mittlere Schiene des kalten Backofens stellen. Den Auflauf bei 200 °C etwa 50 Minuten backen lassen. Noch 10 Minuten im abgeschalteten Backofen stehenlassen, dann nach Belieben den Rand lösen und den Auflauf auf eine Platte stürzen.

Das paßt dazu: Vanillesauce (Rezepte Seite 64).

Aufläufe, Pies und Strudel

Brotauflauf

*250 g altbackenes Vollkornbrot · ¼ l ungesüßter Fruchtsaft, zum Beispiel Kirschsaft oder Rotwein · 2 gehäufte Eßl. ungeschwefelte Rosinen · 2 Eßl. Rum · 75 g Haselnüsse oder Mandeln · 75 g Butter · 100 g flüssiger Honig · 4 Eier · 1 gestrichener Teel. Zimt · 1 Messerspitze gemahlene Nelken · 1 gehäufter Eßl. Kakao oder 2 gehäufte Eßl. Caroben
Für die Form: Butter*

Zubereitungszeit: 30 Minuten
Backzeit: etwa 1 Stunde

Das Brot reiben; wenn es trocken ist, geht dies gut in der Nußmühle oder in der Schrotmühle. Die Brösel mit dem Saft oder Wein vermengen. Die Rosinen im erwärmten Rum quellen lassen; die Nüsse oder Mandeln grobhacken. Die Butter und den Honig schaumig rühren. Die Eier trennen, die Eiweiße steif schlagen und die Eigelbe zur Schaummasse rühren. Die Gewürze, den Kakao oder das Caroben, dann die Brösel, die Rosinen und die Nüsse oder Mandeln zugeben. Zuletzt den Eischnee unterziehen. Den Teig in eine gebutterte Auflaufform füllen. Den Auflauf auf die mittlere Schiene des kalten Backofens stellen und bei 210 °C etwa 1 Stunde backen lassen.

Das paßt dazu: Vanillesauce (Rezepte Seite 64) oder Weinschaum (Rezept Seite 65).

Türkenauflauf

In Österreich wird der Mais auch Türkenkorn genannt, davon hat dieser Auflauf wahrscheinlich seinen Namen.

*¼ Milch · 1 Prise Salz · 100 g Maisgrieß · ½ Zitrone (Schale unbehandelt) · 2–3 säuerliche Äpfel · 150 g Butter · 2 Eßl. Honig · 1 Messerspitze gemahlene Vanille · ¼ Teel. Zimt · 3 Eier · 2 gehäufte Eßl. ungeschwefelte Rosinen
Für die Form: Butter*

Zubereitungszeit: 30 Minuten
Backzeit: 40–50 Minuten

Die Milch mit dem Salz in einem kalt ausgespülten Topf zum Kochen bringen. Den Maisgrieß einstreuen und unter Rühren aufkochen, dann zugedeckt auf der ausgeschalteten Herdplatte 10 Minuten quellen lassen. Die Zitrone abreiben und auspressen. Die Äpfel schälen, grobraspeln und mit dem Zitronensaft beträufeln. Wenn der Maisbrei etwas abgekühlt ist, die Butter, den Honig, die abgeriebene Zitronenschale, die Vanille und den Zimt unterrühren. Dann die Eier trennen und die Eigelbe unter den Teig rühren. Die Eiweiße steif schlagen und unterziehen. Die Apfelraspel und die Rosinen unter den Teig heben und alles in eine gebutterte Auflaufform füllen. Die Form auf die mittlere Schiene des kalten Backofens stellen und den Türkenauflauf bei 200 °C 40–50 Minuten backen lassen.

Scheiterhaufen

*3–4 altbackene Vollkornbrötchen · 60 g Butter · ¼ l trockener Rotwein oder ungesüßter Fruchtsaft · ½ Zimtstange · 2 ganze Nelken · ½ Zitrone (Schale unbehandelt) · 2–3 Eßl. Honig · 2 Eßl. Haselnüsse · 300 g Äpfel · 1 gehäufter Eßl. ungeschwefelte Rosinen
Für die Form: Butter*

Zubereitungszeit: 35 Minuten
Backzeit: 35–40 Minuten

Aufläufe, Pies und Strudel

Die Brötchen in Würfel schneiden, in 40 g Butter goldbraun rösten und abkühlen lassen. Den Wein oder Saft mit der Zimtstange, den Nelken, der abgeschälten Zitronenschale und dem Honig erhitzen und ebenfalls abkühlen lassen; danach die Zitronenschale, die Zimtstange und die Nelken entfernen. Den Backofen auf 200 °C vorheizen. Die Haselnüsse grobhacken. Die Zitrone auspressen. Die Äpfel schälen, auf der Rohkostreibe grobraspeln und mit dem Zitronensaft beträufeln. Die Brotwürfel mit dem gewürzten Wein oder Saft übergießen. Eine Auflaufform ausbuttern. Eine Schicht Brotwürfel in die Form füllen, mit Äpfeln, Nüssen und Rosinen bestreuen, die nächste Schicht einfüllen und so fort; die letzte Schicht besteht aus Brotwürfeln. 20 g Butter in Flöckchen obenaufsetzen und den Scheiterhaufen auf der mittleren Schiene im vorgeheizten Backofen 35–40 Minuten backen lassen.

Wespennester

Für den Teig: 500 g Weizen, fein gemahlen · 1 Würfel Hefe · 200–220 ml Milch · 1 Ei · 1 Prise Salz · 1 Eßl. Honig · 1 Messerspitze gemahlene Vanille oder abgeriebene Schale von ½ Zitrone (Schale unbehandelt) · 50 g weiche Butter
Für die Nußfüllung: 100 g Haselnüsse · 100 g ungeschwefelte Rosinen · 100 g gewürfeltes Zitronat · 100 g Honig · 100 g weiche Butter oder Pflanzenmargarine
Für die Mandelfüllung: 200 g Mandeln · 150 g Honig · 2 gestrichene Eßl. Kakao oder 3 gestrichene Eßl. Caroben · 4–5 Eßl. Milch
Für die Form: Butter

Zubereitungszeit: 80 Minuten
Backzeit: 45–50 Minuten

Den Hefeteig, wie im Grundrezept auf Seite 72 beschrieben, zubereiten und gehen lassen. Während der Ruhezeit für die Füllung die Haselnüsse hacken, dann mit den Rosinen, dem gewürfelten Zitronat, dem Honig und dem weichen Fett verrühren. Oder die Mandeln grobhacken, dann mit dem Honig, dem Kakao oder Caroben und der Milch verrühren. Den Teig zu einem Rechteck ausrollen, die Teigdicke sollte ½ cm

Man schneidet die gefüllte Teigrolle in einzelne Stücke und setzt diese wie Schnecken in die Form.

betragen. Die Teigplatte mit der Füllung bestreichen und von der Längsseite her aufrollen. Die Rolle in 12 gleich große Stücke schneiden. Nun eine Springform oder eine Auflaufschale ausbuttern. Die Teigstücke mit der einen Schnittfläche nach oben nebeneinander in die Form setzen. Die Wespennester auf die mittlere Schiene des kalten Backofens stellen und bei 200 °C 45–50 Minuten backen lassen.

Rohrnudeln

500 g Weizen, fein gemahlen · 1 Würfel Hefe · 200–220 ml Milch · 1 Ei · 1 Prise Salz · 1 Eßl. Honig · 1 Messerspitze gemahlene Vanille oder abgeriebene Schale von ½ Zitrone (Schale

Aufläufe, Pies und Strudel

unbehandelt) · 50 g weiche Butter
Für die Form und zum Bestreichen: 50 g Butter

Zubereitungszeit: 30 Minuten
Ruhezeit: 1 Stunde
Backzeit: 40 Minuten

Den Hefeteig, wie im Grundrezept auf Seite 72 beschrieben, zubereiten und gehen lassen. Aus dem Teig 2 Rollen formen und jede Rolle in 8 gleich große Stücke teilen. Jedes Teigstück auf einem bemehlten Brett zu einem Bällchen formen. Diese »Nudeln« mit einem Tuch bedecken und nochmals kurz gehen lassen. Eine Bratenpfanne oder Auflaufform ausbuttern und die Nudeln nebeneinander in die Form legen, ohne Zwischenraum. Die Oberfläche mit der restlichen Butter bestreichen. Die Form in den kalten Backofen auf die mittlere Schiene stellen und die Rohrnudeln bei 210 °C in 40 Minuten goldgelb backen.

Das paßt dazu: Vanillesauce (Rezepte Seite 64) oder Apfelkompott.

Variante: Dukatennudeln
Die Nudeln in der Form nicht mit Butter bestreichen, sondern mit einer heißen Sauce aus ¼ l Milch, 75 g Butter, 1 Messerspitze gemahlener Vanille und 2 Eßlöffeln Honig übergießen und auf der mittleren Schiene des auf 200 °C vorgeheizten Backofens 30–40 Minuten backen lassen. Die Dukatennudeln werden heiß serviert, am besten zu einem Kompott aus Dörrobst.

Zwetschgen- oder Aprikosennudeln 🐟

*Für den Teig: 500 g Weizen, fein gemahlen ·
1 Würfel Hefe · 200–220 ml Milch · 1 Ei · 1 Prise
Salz · 1 Eßl. Honig · 1 Messerspitze gemahlene
Vanille oder abgeriebene Schale von ½ Zitrone
(Schale unbehandelt) · 50 g weiche Butter
Für die Füllung: 16 Zwetschgen oder
12 Aprikosen · 2 Eßl. fester Honig
Für die Form und zum Bestreichen: 50 g Butter*

Zubereitungszeit: 40 Minuten
Ruhezeit: 1 Stunde
Backzeit: etwa 40 Minuten

Den Hefeteig, wie im Grundrezept auf Seite 72 beschrieben, zubereiten und gehen lassen. Die Früchte waschen, abtrocknen und entsteinen. Jede Frucht mit wenig Honig füllen und wieder zusammensetzen. Den Hefeteig teilen und 2 gleich große Rollen formen. Für die Zwetschgennudeln jede Rolle in 8 Stücke, für die Aprikosennudeln in je 6 Stücke teilen. Mit der Handfläche ein Teigstück breitdrücken, in die Mitte eine vorbereitete Frucht geben, den Teig schließen und auf der bemehlten Arbeitsfläche ein Bällchen formen. Die Nudeln unter einem Tuch nochmals gehen lassen. Eine Bratenpfanne oder Auflaufform ausbuttern, die Nudeln ohne Zwischenraum hineinsetzen und mit der restlichen Butter bestreichen. Die Form in den kalten Backofen auf die mittlere Schiene geben und die Nudeln bei 210 °C etwa 40 Minuten backen lassen. Die Nudeln sollen auf einem Gitter auskühlen.

Das paßt dazu: heiße Vanillesauce (Rezept Seite 64).

Topfenrahmstrudel 🐟

*Für den Teig: 60 g weiche Butter · 1 Ei · 1 Prise
Salz · 6 Eßl. lauwarmes Wasser · 300 g Weizen,
fein gemahlen · 1 Teel. Öl
Für die Füllung: 50 g weiche Butter · 4 Eier ·*

Aufläufe, Pies und Strudel

1 kg Magerquark · 4 EBl. Sahne · 200 g flüssiger Honig · abgeriebene Schale von ½ Zitrone (Schale unbehandelt) · 50 g ungeschwefelte Rosinen · 50 g Mandeln
Für die Form: 75 g Butter
Zum Bestreichen und Begießen: ⅛ l saure Sahne · ⅛ l Milch

Zubereitungszeit: 50 Minuten
Backzeit: 45–50 Minuten

Für den Teig die Butter zerlassen. Die Butter, das Ei, das Salz und das Wasser mit dem Schneebesen gründlich verrühren. Das Mehl zugeben und mit den Knethaken der Küchenmaschine einen gleichmäßigen Teig kneten. Den Teig zu einer Kugel formen, mit dem Öl bestreichen und in einer angewärmten Schüssel 30 Minuten zugedeckt ruhen lassen.
Inzwischen für die Füllung die Butter mit den Eiern schaumig rühren, den Quark (Topfen), die Sahne (Rahm), den Honig und die abgeriebene Zitronenschale zugeben. Die Rosinen mit heißem Wasser überbrühen, abgießen und abtropfen lassen. Die Mandeln grobhacken. Die Rosinen und die Mandeln unter die Quarkmasse rühren. Den Backofen auf 200 °C vorheizen. Den Teig halbieren; eine Teighälfte so dünn wie möglich ausrollen und auf ein Geschirrtuch legen. Mit der Hälfte der Füllung bestreichen und mit Hilfe des Küchentuchs zum Strudel aufrollen. Mit der zweiten Teighälfte ebenso verfahren. Nun in einer Bratenpfanne oder einer rechteckigen Auflaufform die Butter schmelzen. Die beiden Strudel in die Form legen, mit der sauren Sahne (Sauerrahm) bestreichen und auf der mittleren Schiene 20 Minuten backen lassen. Dann die Milch erwärmen, über die Strudel gießen und diese noch 25–30 Minuten backen lassen. Die Strudel schmecken sowohl warm als auch kalt.

Variante: Apfelstrudel
Anstelle der Quarkfüllung die Teigplatten mit ¼ l saurer Sahne bestreichen. 1500 g säuerliche Äpfel schälen und grobraspeln, mit 100 g gequollenen ungeschwefelten Rosinen, 100 g gehackten Mandeln, 125 g Ahornsirup, ¼ Teelöffel gemahlener Vanille und 1 gestrichenen Teelöffel Zimt vermengen. Die Füllung auf dem Teig verteilen, die Strudel wie oben aufrollen, bestreichen, backen.

Apfel-Pie

Für den Teig: 200 g Weizen, fein gemahlen · ½ Teel. Backpulver · 1 Prise Salz · abgeriebene Schale von ½ Zitrone (Schale unbehandelt) oder 1 Messerspitze gemahlene Vanille · 1 EBl. flüssiger Honig · 1 Ei · 125 g Butter
Für die Füllung: 2 EBl. ungeschwefelte Rosinen · 6 ungeschwefelte getrocknete Aprikosen · 2 EBl. Weinbrand · 500 g Äpfel · 3 EBl. flüssiger Honig · abgeriebene Schale von je ½ Zitrone und Orange (Schale unbehandelt) · je ½ Teel. gemahlener Zimt und Ingwer · 1 Prise geriebene Muskatnuß · 1 Eigelb
Für die Form: Butter

Zubereitungszeit: 45 Minuten
Backzeit: etwa 40 Minuten

Den Mürbteig, wie im Grundrezept auf Seite 79 beschrieben, zubereiten und ruhen lassen. In dieser Zeit die Rosinen und die kleingeschnittenen Aprikosen im Weinbrand erwärmen und quellen lassen. Die Äpfel vierteln, von Kernhaus, Stiel und Blüte befreien, schälen und in Schnitze schneiden. Den Honig mit der abgeriebenen Schale der Zitrusfrüchte und den Gewürzen verrühren. Boden und Rand einer Pieform oder einer niedrigen, runden Auflaufform von etwa 26 cm Durchmesser ausbuttern. Den Backofen

Aufläufe, Pies und Strudel

auf 190 °C vorheizen. Aus einem Drittel des Teiges eine Rolle formen, an den Rand der Form legen und andrücken. Die Apfelspalten mit den gequollenen Früchten vermengen, auf dem Boden der Form verteilen, darauf den gewürzten Honig träufeln. Den restlichen Teig ausrollen, einen Deckel in Größe der Form ausschneiden und auf die Früchte legen. Den Rand andrücken. Mit der Gabel mehrere Löcher einstechen, damit der Dampf entweichen kann. Aus Teigresten Blätter auf der Oberfläche verteilen. Den Pie mit dem verquirlten Eigelb bestreichen und auf der mittleren Schiene etwa 40 Minuten backen lassen. Warm in der Form servieren.

Tip: Wenn Kinder mitessen, die Früchte statt in Weinbrand in warmem Wasser quellen lassen.

Birnen-Pie 🍐

Für den Teig: 200 g Weizen, fein gemahlen · ½ Teel. Backpulver · 1 Prise Salz · abgeriebene Schale von ½ Zitrone (Schale unbehandelt) oder 1 Messerspitze gemahlene Vanille · 1 Eßl. flüssiger Honig · 1 Ei · 125 g Butter
Für die Füllung: 1 kg reife Birnen · 1 Eßl. flüssiger Honig · ½ Teel. Zimt · 1 gehäufter Eßl. ungeschwefelte Rosinen · 1 Eigelb · ¼ l Sahne
Für die Form: Butter

Zubereitungszeit: 55 Minuten
Backzeit: etwa 25 Minuten

Den Mürbteig nach dem Grundrezept auf Seite 79 zubereiten und ruhen lassen. In dieser Zeit die Birnen halbieren, schälen, von Kernhaus, Stiel und Blüte befreien und in Spalten schneiden. Mit dem Honig, dem Zimt und den Rosinen mischen. Den Backofen auf 220 °C vorheizen. Rand und Boden einer Pie-Form oder ersatzweise einer niedrigen Auflaufform von etwa 26 cm Durchmesser ausbuttern. Aus einem Drittel des Teiges eine Rolle formen, an den Rand der Form legen und andrücken. Die Fruchtmischung auf dem Boden verteilen. Den restlichen Teig ausrollen, in Größe der Form ausschneiden und als Deckel über die Fruchtmischung legen; am Rand andrücken. Mit der Gabel mehrere Löcher einstechen, damit der Dampf entweichen kann. Aus den Teigresten Birnen formen und auf die Teigoberfläche drücken. Das Eigelb verquirlen und die Teigoberfläche damit bestreichen. Den Pie auf der mittleren Schiene etwa 25 Minuten backen lassen. Den Birnen-Pie mit der geschlagenen Sahne, die nach Wunsch gesüßt werden kann, warm und in der Form servieren.

Graubündner Apfelwähe 🍐

Für den Teig: 200 g Weizen, fein gemahlen · ½ Teel. Backpulver · 1 Prise Salz · abgeriebene Schale von ½ Zitrone (Schale unbehandelt) oder 1 Messerspitze gemahlene Vanille · 1 Eßl. flüssiger Honig · 1 Ei · 125 g Butter
Für den Belag: 1 kg säuerliche Äpfel · Saft von 1 Zitrone · 4–5 Eßl. Honig · 2 Eier · ⅛ Sahne · 2 Prisen Zimt · 1 Prise gemahlene Vanille · nach Belieben Aprikosenmarmelade
Für die Form: Butter · Weizenmehl

Zubereitungszeit: 50 Minuten
Backzeit: etwa 40 Minuten

Den Mürbteig wie im Grundrezept auf Seite 79 beschrieben, zubereiten und ruhen lassen. In dieser Zeit die Äpfel vierteln, schälen, von Kernhaus, Stiel und Blüte befreien, in nicht zu dünne Schnitze schneiden und mit dem Zitronensaft beträufeln, damit sie sich nicht verfärben. Den Backofen auf 200 °C vorheizen. Den Mürbteig

Aufläufe, Pies und Strudel

ausrollen, in eine gebutterte und bemehlte Wähenform geben und einen Rand formen. Statt einer Wähenform kann eine Springform mit etwa 26 cm Durchmesser verwendet werden. Mit einer Gabel den Teigboden mehrmals einstechen und 10 Minuten auf der mittleren Schiene vorbacken. Dann die Äpfel auf dem Kuchenboden verteilen, mit 2 Eßlöffeln Honig beträufeln und weitere 15 Minuten backen. Nun die Eier mit der Sahne und dem restlichen Honig verrühren. Die Gewürze zugeben und die Flüssigkeit auf den vorgebackenen Apfelkuchen gießen. Noch etwa 15 Minuten backen, bis die Creme Farbe bekommt. Nach Belieben kann die Apfelwähe »aprikotiert« werden, das heißt man bestreicht sie noch heiß mit verdünnter Aprikosenmarmelade.

Hirsesoufflé

200 g Hirse · 2 Eßl. ungeschwefelte Rosinen · 40 g Haselnüsse · 3 Eier · 75 g weiche Butter · 75 g Quark · 3–4 Eßl. flüssiger Honig · abgeriebene Schale von ½ Zitrone (Schale unbehandelt)
Für die Form: Butter

Zubereitungszeit: 30 Minuten
Backzeit: etwa 1 Stunde

Die Hirse mit einer Tasse abmessen. Nun die doppelte Menge Wasser zum Kochen bringen, die Hirse einstreuen, aufkochen und zugedeckt bei kleinster Hitze 20 Minuten ausquellen lassen. Die Rosinen im heißen Wasser einweichen, dann abgießen und abtropfen lassen. Die Haselnüsse grobhacken. Die Eier trennen. Die Eiweiße steif schlagen. Die Eigelbe mit 50 g Butter, dem Quark, dem Honig und der abgeriebenen Zitronenschale verrühren. Die körnig gekochte Hirse untermengen, dann den Eischnee unterziehen. Den Teig in eine gebutterte Auflaufform füllen. Die restlichen 25 g Butter in Flöckchen und die Haselnüsse auf der Oberfläche verteilen. Die Form auf die mittlere Schiene des kalten Backofens stellen und das Soufflé bei 200 °C etwa 60 Minuten backen lassen.

Quarkkeulchen

Bild Seite 36

2 Eßl. ungeschwefelte Rosinen · 500 g mehlig kochende Kartoffeln, am Vortag gekocht · etwa 100 g Weizen, fein gemahlen · 2 Eier · 1 Messerspitze Salz · abgeriebene Schale von ½ Zitrone (Schale unbehandelt) · 350 g Magerquark
Zum Ausbacken: Pflanzenmargarine

Zubereitungszeit: 35 Minuten

Die Rosinen in heißem Wasser quellen lassen. Die Kartoffeln schälen, reiben und in einer Schüssel mit dem Mehl, den Eiern, dem Salz, der abgeriebenen Zitronenschale und dem Quark vermengen. Die Mehlmenge richtet sich nach dem Wassergehalt der Kartoffeln. Die abgetropften Rosinen zum Teig geben. Margarine in einer beschichteten Pfanne erhitzen. Aus dem Teig kleine, runde Kuchen formen und auf beiden Seiten goldgelb backen.

Aufläufe, Pies und Strudel

Bavesen

*6 Scheiben Vollkorntoastbrot · etwa ⅛ l Milch ·
1 Messerspitze gemahlene Vanille · 4–5 Eßl.
Pflaumenmus (Rezept Seite 99) · 2 Eier · 2 Eßl.
Vollkornbrösel
Zum Ausbacken: Pflanzenmargarine*

Zubereitungszeit: 25 Minuten

Jede Brotscheibe in 4 gleich große Stücke schneiden. Die Milch mit der Vanille würzen. Die Brotstücke kurz in die Milch eintauchen. Dann immer ein Brotstück mit Pflaumenmus bestreichen und mit einem zweiten Brotstück bedecken. Die Doppelscheiben zuerst in verquirltem Ei, dann in den Bröseln panieren. In einer beschichteten Pfanne Margarine erhitzen und die Bavesen darin von beiden Seiten backen.

Käsetaschen

*Für den Teig: 400 g mehlig kochende Kartoffeln ·
30 g Butter · 1 Prise Salz · abgeriebene Schale
von ½ Zitrone (Schale unbehandelt) ·
30 g Vollweizengrieß · etwa 125 g Weizen, fein
gemahlen
Für die Füllung: 50 g weiche Butter · 2 Eßl.
flüssiger Honig · 1 Ei · 1 Eßl. saure Sahne ·
Salz · abgeriebene Schale von ½ Zitrone (Schale
unbehandelt) · 150 g Magerquark · 1 Eigelb*

Zubereitungszeit: 55 Minuten
Garzeit: 1 Stunde

Den Kartoffelteig, wie auf Seite 32 beschrieben, zubereiten und ruhen lassen. In dieser Zeit die Butter schaumig rühren. Mit dem Honig, dem Ei, der Sahne, 1 Prise Salz, der abgeriebenen Zitronenschale und dem Quark verrühren. Schwach gesalzenes Wasser in einem Topf mit großem Durchmesser zum Kochen bringen. Den Kartoffelteig auf der bemehlten Arbeitsfläche ausrollen. Mit einem Glas Kreise von etwa 8 cm Durchmesser ausstechen. Das Eigelb verquirlen und die Ränder der Teigkreise damit bestreichen. In die Mitte etwas Quarkfüllung verteilen, dann jeden Kreis zusammenklappen, so daß ein Halbkreis entsteht. Die Ränder andrücken. Die »Taschen« in das kochende Salzwasser legen und 15 Minuten ziehen lassen. Heiß servieren.

Grießschnitten

*2 Tassen Milch · 2 Tassen Wasser · 2 Eßl.
Pflanzenöl · 1 Prise Salz · 2 Prisen gemahlene
Vanille · 2½ Tassen Vollweizen- oder Maisgrieß ·
nach Belieben 1 Ei und 3 Eßl. Vollkornbrösel
Zum Ausbacken: Butter*

Zubereitungszeit: 40 Minuten
Kühlzeit: 1–2 Stunden

Die Milch, das Wasser, das Öl, das Salz und die Vanille zum Kochen bringen. Den Grieß einstreuen, unter Rühren aufkochen, dann zugedeckt auf der abgeschalteten Herdplatte 10 Minuten ausquellen lassen. Den Brei in eine mit kaltem Wasser ausgespülte Kastenform füllen und erkalten lassen. Die Form stürzen. Den Grießkuchen in 1–2 cm dicke Scheiben schneiden. Die Scheiben entweder in einer Pfanne in heißer Butter von beiden Seiten goldgelb backen oder erst mit Ei und Bröseln panieren und dann in Butter ausbacken. Heiß servieren.

Nockerl und Knödel

Tataren-Nockerl

Buchweizen wird im Volksmund auch Tatarenkorn genannt, daher stammt sicher der Name.

¼ l Milch · Salz · 1 EßI. Ahornsirup · 20 g Butter · 60 g Buchweizen, fein gemahlen · 60 g Weizen, fein gemahlen · 2 Eier

Zubereitungszeit: 15 Minuten
Ruhezeit: 30 Minuten
Garzeit: 20 Minuten

Einen Topf mit kaltem Wasser ausspülen, darin die Milch mit 1 Prise Salz, dem Sirup und der Butter zum Kochen bringen. Die beiden Mehlsorten mischen und in die kochende Flüssigkeit rühren. So lange rühren, bis sich die Masse als Kloß um den Kochlöffel wickelt. Den Teig etwas abkühlen lassen, dann die beiden Eier unterrühren. Zugedeckt 30 Minuten im Kühlschrank ruhen lassen.
Leicht gesalzenes Wasser in einem weiten Topf zum Kochen bringen. Mit einem Eßlöffel vom Teig Nockerl (kleine Klößchen) abstechen, in das Wasser gleiten lassen, aufkochen und dann 15–20 Minuten ziehen lassen. Heiß servieren.

Das paßt dazu: Ahornsirup, frisches Kompott oder Kompott aus Trockenfrüchten.

Quarknockerl

*100 g Butter · 4 Eier · Salz · 500 g Magerquark · 125 g Vollweizengrieß
Zum Beträufeln und Bestreuen: Ahornsirup · nach Belieben Butter · Zimtpulver*

Zubereitungszeit: 40 Minuten
Quellzeit: 30 Minuten

Die Butter schaumig rühren. Die ganzen Eier und 1 Prise Salz, dann den Quark zugeben. Nun den Grieß unterrühren und den Teig zugedeckt 30 Minuten quellen lassen.
In einem Topf mit großem Durchmesser schwach gesalzenes Wasser zum Kochen bringen. Mit einem Eßlöffel aus dem Teig Nockerl (Klößchen) formen, in das kochende Wasser einlegen, aufkochen und 15 Minuten ziehen lassen. Die Nockerl auf vorgewärmten Tellern servieren. Mit Ahornsirup oder einem Gemisch aus heißer Butter und Sirup beträufeln, mit Zimt bestreuen.

Zwetschgenknödel nach böhmischer Art

1 kg mehlig kochende Kartoffeln, am Vortag gekocht · etwa 15 Zwetschgen · 60 g Butter · 4 Eigelbe · Salz · Weizen, fein gemahlen, nach Bedarf · 1 EßI. Honig · 2 EßI. Vollkornbrösel · Zimtpulver

Zubereitungszeit: 50 Minuten

Die Kartoffeln schälen und reiben. Die Zwetschgen waschen und entkernen. 30 g Butter mit den Eigelben und 1 Prise Salz verrühren, die Kartoffeln zugeben und so viel Mehl, daß der Teig nicht mehr klebt und sich ausrollen läßt. Einen weiten Topf mit leicht gesalzenem Wasser zum Kochen bringen. Den Teig ausrollen und in 12–15 Quadrate schneiden. Auf jedes eine Zwetsche geben und Klöße daraus formen. Alle auf einmal in das kochende Wasser geben und 12 Minuten ziehen lassen. Die restliche Butter und den Honig zusammen leicht erwärmen. Die Brösel mit etwas Zimt mischen. Die Knödel mit einem Schaumlöffel auf vorgewärmte Teller geben, mit der süßen Butter beträufeln und mit den Bröseln bestreuen.

Nockerl und Knödel

Aprikosenknödel

10–12 reife oder 16 ungeschwefelte getrocknete Aprikosen · 500 g Magerquark · 2 Eier · Salz · 1 Eßl. Honig · abgeriebene Schale von ½ Orange (Schale unbehandelt) · 150–200 g Weizen, fein gemahlen · 50 g Butter

Zubereitungszeit: 65 Minuten
Einweichzeit eventuell: über Nacht

Die frischen Aprikosen waschen, aufschneiden und entkernen oder die getrockneten Aprikosen über Nacht in Wasser einweichen, abgießen und abtropfen lassen. Der Quark sollte trocken sein, eventuell muß er mit einem Tuch ausgepreßt werden. Den Quark mit den ganzen Eiern verrühren, 1 Prise Salz, den Honig und die abgeriebene Orangenschale zugeben. Zuletzt so viel Mehl zufügen, daß ein formbarer Teig entsteht. Schwach gesalzenes Wasser in einem Topf mit großem Durchmesser zum Kochen bringen. Den Teig in 10–12 Teile für die frischen Aprikosen, in 16 Teile für die getrockneten Früchte einteilen. In jedes Teigstück eine Frucht geben und Knödel formen. Die Knödel in das kochende Wasser legen und etwa 15 Minuten ziehen lassen. Die Butter zerlassen und leicht bräunen. Die Knödel auf vorgewärmten Tellern servieren und mit der heißen Butter übergießen.

Variante: Mit dem gleichen Teig lassen sich auch Zwetschgenknödel herstellen.

Germknödel

Bild 2. Umschlagseite

Eine Urlaubserinnerung an Österreich. Germ ist das österreichische Wort für Hefe.

Zutaten für 16–20 Stück:
Für den Teig: 500 g Weizen, fein gemahlen · 1 Würfel Hefe · 200–220 ml Milch · 1 Ei · 1 Prise Salz · 1 Eßl. Honig · 1 Messerspitze gemahlene Vanille oder abgeriebene Schale von ½ Zitrone (Schale unbehandelt) · 50 g weiche Butter
Für die Füllung: 200 g ungeschwefelte Kurpflaumen ohne Kern · 2 Eßl. Zwetschgenwasser oder Obstgeist · ½ Teel. Zimt · 1 Prise gemahlene Nelken
Für das Kochwasser: Salz
Zum Beträufeln und Bestreuen: 150 g Butter · 200 g frisch gemahlener Mohn · 3–4 Eßl. Ahornsirup

Einweichzeit: über Nacht
Zubereitungszeit: 1 Stunde
Ruhezeit: 1 Stunde

Die Pflaumen über Nacht in warmem Wasser einweichen.
Am nächsten Tag den Hefeteig, wie auf Seite 72 beschrieben, zubereiten und gehen lassen. Die Pflaumen abgießen, mit dem Alkohol, den Gewürzen und nach Bedarf etwas Einweichwasser pürieren; das Püree sollte die Konsistenz von Marmelade haben. Aus dem gegangenen Hefe-

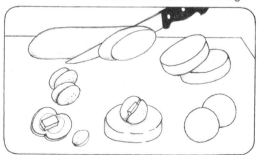

Formen Sie den Knödelteig zur Rolle, teilen Sie diese in die gewünschte Anzahl Stücke und füllen dann jedes.

Nockerl und Knödel

teig 2 gleichmäßige Rollen formen und diese in je 8–10 Stücke schneiden. Jedes Teigstück mit der Hand breitdrücken, in die Mitte etwa 1 Teelöffel Pflaumenmus geben, den Teig zusammendrücken und einen Knödel formen. Die Knödel zugedeckt etwa 10 Minuten gehen lassen.
In einem weiten Topf schwach gesalzenes Wasser zum Kochen bringen. Alle Knödel auf einmal in das Wasser geben und aufkochen, dann in etwa 15 Minuten garziehen lassen. Die Butter schmelzen und leicht bräunen lassen. Die Knödel mit dem Schaumlöffel auf vorgewärmte Teller geben, mit der heißen Butter übergießen, mit dem Mohn bestreuen und mit dem Sirup beträufeln.

Eine Kartoffelpresse spart Kraft und Zeit. Es gibt in Haushaltswarengeschäften die verschiedensten Modelle.

Kirschenknödel

400 g mehlig kochende Kartoffeln · 30 g Butter · Salz · abgeriebene Schale von ½ Zitrone (Schale unbehandelt) · 30 g Vollweizengrieß · etwa 125 g Weizen, fein gemahlen · 500 g Kirschen
Zum Beträufeln und Bestreuen nach Belieben: Zimt und Ahornsirup oder Butter · Vollkornbrösel

Zubereitungszeit: 35 Minuten
Ruhezeit: 30 Minuten
Garzeit: 60 Minuten

Die Kartoffeln in der Schale weich kochen, schälen und sofort durch die Kartoffelpresse drücken. Die Kartoffelmasse mit der Butter, 1 Prise Salz, der abgeriebenen Zitronenschale und dem Grieß verrühren. Dann so viel Mehl zugeben, daß ein formbarer Teig entsteht. Den Teig zugedeckt 30 Minuten ruhen lassen.
Die Kirschen waschen und auf Küchenpapier trocknen lassen. Schwach gesalzenes Wasser in einem Topf mit großem Durchmesser zum Kochen bringen. Den Teig in 15 gleich große Stücke teilen. Aus jedem Teigstück ein Bällchen formen und dabei jeweils eine Kirsche in die Mitte des Knödels geben. Die Knödel in das kochende Wasser legen und 15 Minuten ziehen lassen. Man kann die Kirschenknödel mit Zimt und Ahornsirup servieren, oder mit Zimt und gebräunter Butter oder mit in Butter gerösteten Vollkornbröseln.

Variante: Ebenso fein schmecken Zwetschgen- und Aprikosenknödel aus diesem Kartoffelteig.

Pfannkuchen, Crêpes und Waffeln

Pfannkuchen, Crêpes und Waffeln sind rasch zubereitet und vollwertige Hauptgerichte, wenn sie nach der Rohkost serviert werden oder wenn es danach noch frische Früchte gibt.

Vollkornpfannkuchen

Grundrezept

Zutaten für 4–6 Personen:
200 g Weizen, fein gemahlen ·
100 g Buchweizen, fein gemahlen ·
1 gestrichener Eßl. Sojamehl · 3 Eier ·
½ Teel. Salz · ½ l Milch ·
¼ l kohlensäurehaltiges Mineralwasser
Zum Ausbacken: Pflanzenmargarine

Zubereitungszeit: 40 Minuten
Ruhezeit: 30 Minuten

Den Weizen, den Buchweizen und das Sojamehl mit den Eiern, dem Salz, der Milch und dem Mineralwasser mit den Quirlen des Handrührgerätes verrühren und den Teig 30 Minuten ruhen lassen.
In einer beschichteten Pfanne Margarine erhitzen. Mit einem Schöpflöffel wenig Teig in der Pfanne verteilen. Die Pfannkuchen von beiden Seiten knusprig backen, dann warm stellen, bis alle gebacken sind.

Pfannkuchen mit Quarkfüllung

Zutaten für 6 Personen:
Für den Teig: 200 g Weizen, fein gemahlen ·
100 g Buchweizen, fein gemahlen ·
1 gestrichener Eßl. Sojamehl · 3 Eier · ½ Teel.
Salz · ½ l Milch · ¼ l kohlensäurehaltiges Mineralwasser
Für die Füllung: 2 gehäufte Eßl. ungeschwefelte Rosinen · 750 g Magerquark · 150 g weiche Butter · 1 Prise Salz · 125 g flüssiger Honig · 4 Eier · ½ Zitrone (Schale unbehandelt) · Sahne · 1 Tasse heiße Milch
Zum Ausbacken und für die Form: Pflanzenmargarine

Zubereitungszeit: 1 Stunde und 30 Minuten

Den Pfannkuchenteig nach dem nebenstehenden Grundrezept zubereiten und ruhen lassen. In dieser Zeit die Rosinen in heißem Wasser quellen lassen, dann abgießen und abtropfen lassen. Den Quark mit 125 g Butter, dem Salz, dem Honig, den ganzen Eiern, dem Saft und der abgeriebenen Schale der Zitrone verrühren. So viel Sahne zugeben, daß eine glatte Creme entsteht. Zuletzt die Rosinen unterziehen. Die Pfannkuchen backen und warm stellen. Den Backofen auf 220 °C vorheizen. Die Pfannkuchen mit der Quarkcreme bestreichen, aufrollen und nebeneinander in eine gefettete Bratenpfanne oder eine rechteckige Auflaufform legen. Mit Butterflöckchen belegen, mit der heißen Milch übergießen und auf der obersten Schiene etwa 15 Minuten überbacken.

Apfelpfannkuchen

Zutaten für 4–6 Personen:
Für den Teig: 200 g Weizen, fein gemahlen ·
100 g Buchweizen, fein gemahlen ·
1 gestrichener Eßl. Sojamehl · 3 Eier · ½ Teel.
Salz · ½ l Milch · ¼ l kohlensäurehaltiges Mineralwasser
Für die Füllung: 75 g Haselnüsse ·
etwa 500 g säuerliche Äpfel · ½ Teel. Zimt

Die knusprigen Quarkwaffeln sollten Sie ganz frisch ▷ servieren, zum Beispiel mit einer roh gerührten Marmelade. Rezepte Seite 40 und 98/99.

Zum Ausbacken: Pflanzenmargarine
Zum Beträufeln: Ahornsirup

Zubereitungszeit: 1 Stunde

Den Pfannkuchenteig, wie im Grundrezept auf Seite 33 beschrieben, zubereiten und ruhen lassen. Während der Ruhezeit die Haselnüsse grobhacken. Die Äpfel schälen, von Stiel und Blüte befreien und grob in den Teig raspeln. Die Nüsse und den Zimt zugeben. Dann wie gewöhnlich Pfannkuchen ausbacken und warm stellen, bis alle gebacken sind. Die Pfannkuchen auf vorgewärmten Tellern, mit Ahornsirup beträufelt, servieren.

Pfannkuchen Georgette

Für den Teig: 200 g Weizen, fein gemahlen ·
100 g Buchweizen, fein gemahlen ·
1 gestrichener Eßl. Sojamehl · 3 Eier · ½ Teel.
Salz · ½ l Milch · ¼ l kohlensäurehaltiges
Mineralwasser · 1 reife, frische Ananas · 2 Eßl.
flüssiger Honig · 2 Eßl. Maraschino
Zum Ausbacken: Pflanzenmargarine

Zubereitungszeit: 1 Stunde und 10 Minuten

Den Pfannkuchenteig, wie im Grundrezept auf Seite 33 beschrieben, zubereiten und ruhen lassen. Während der Ruhezeit die Ananas in Scheiben schneiden, schälen und den Strunk in der Mitte entfernen. Den Honig mit dem Maraschino verrühren. Die Ananasscheiben mit der Flüssigkeit beträufeln und 15 Minuten ziehen lassen. Dann die Scheiben in kleine Stückchen schneiden, mit dem Pfannkuchenteig verrühren und wie üblich Pfannkuchen ausbacken. Die fertigen Pfannkuchen warm stellen, bis alle gebacken sind.

Überbackene Pfannkuchen

Bild 1. Umschlagseite

Für den Teig: 200 g Weizen, fein gemahlen ·
100 g Buchweizen, fein gemahlen ·
1 gestrichener Eßl. Sojamehl · 3 Eier · ½ Teel.
Salz · ½ l Milch · ¼ l kohlensäurehaltiges
Mineralwasser
Für die Füllung und den Guß: 200 g
ungeschwefelte Kurpflaumen ohne Kern ·
75 g ungeschälte Mandeln · nach Belieben 2 Eßl.
Zwetschgenwasser · 1 Messerspitze
gemahlene Vanille · ¼ Teel. Zimt ·
1 Tasse Sahne · 2 Eier
Zum Ausbacken und für die Form:
Pflanzenmargarine

Einweichzeit für die Pflaumen: über Nacht
Zubereitungszeit: 1 Stunde

Die Pflaumen über Nacht in so viel warmem Wasser einweichen, daß sie eben bedeckt sind. Am nächsten Tag Pfannkuchenteig nach dem Grundrezept auf Seite 33 zubereiten und ruhen lassen. Die Mandeln mit kochendem Wasser überbrühen, schälen und grobhacken. Die Pflaumen mit etwas Einweichwasser und nach Wunsch mit dem Zwetschgenwasser pürieren, bis das Mus die Konsistenz einer Marmelade hat. Mit den Gewürzen abschmecken. In einer beschichteten Pfanne Margarine erhitzen. Mit einem Schöpflöffel wenig Teig in der Pfanne verteilen. Die Pfannkuchen von beiden Seiten knusprig braun backen und warm stellen. Den Backofen auf 230 °C vorheizen. Eine Auflaufform einfetten. Die Pfannkuchen mit dem Pflaumenmus bestreichen, aufrollen und nebeneinander in die Form legen. Die Sahne mit den Eiern und den Mandeln verrühren, über die Pfannkuchen gießen. Auf der mittleren Schiene des Backofens in 10 Minuten goldgelb überbacken.

◁ Eine sächsische Spezialität mit Tradition sind die Quarkkeulchen. Rezept Seite 29. Dazu gibt es Apfelkompott.

Blini

heißen sie in Rußland, Galettes in Frankreich; für die Vollwertküche wurden sie nun neu entdeckt.

*250 g Buchweizen, fein gemahlen · 2 Eier ·
1 Prise Salz · ¼ l Wasser · ¼ l Cidre
(französischer Obstwein aus Äpfeln) oder
ungesüßter Apfelsaft · 3–4 Äpfel
Zum Ausbacken: Pflanzenmargarine
Zum Beträufeln: Ahornsirup*

Zubereitungszeit: 1 Stunde

Das Buchweizenmehl mit den ganzen Eiern, dem Salz, dem Wasser und dem Cidre oder Saft mit den Quirlen des Handrührgerätes 5 Minuten rühren. Dann den Teig zugedeckt 15 Minuten ruhen lassen. In der Zwischenzeit die Äpfel schälen,

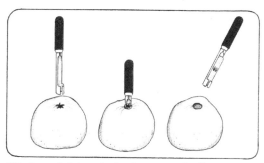

Mit einem Apfelausstecher kann man das Kerngehäuse rasch und gleichmäßig aus der Frucht herausholen.

mit dem Kartoffelmesser oder einem Apfelausstecher das Kernhaus aus den ganzen Äpfeln herausstechen und die Früchte in etwa ½ cm dicke Ringe schneiden. Nach Bedarf dem Teig noch etwas Flüssigkeit unterrühren. In zwei Pfannen gleichzeitig Margarine erhitzen. In der einen die Apfelringe braten, in der anderen die Blinis in der Größe von Reibekuchen von beiden Seiten goldbraun braten. Die Blinis auf vorgewärmten Tellern servieren, mit den Apfelscheiben belegen und mit Ahornsirup beträufeln. Die Teigmenge ergibt 12 Blinis.

Das paßt dazu: Cidre.

Kaiserschmarrn

*4 Eier · ¼ l Milch · 150 g Weizen, fein gemahlen ·
2 Prisen Salz · 2 Eßl. Sahne · 2 gehäufte Eßl.
ungeschwefelte Rosinen
Zum Ausbacken: Butterschmalz*

Zubereitungszeit: 45 Minuten

Die Eier trennen. Die Eiweiße steif schlagen und kühl stellen. Die Eigelbe mit der Milch, dem Mehl, dem Salz und der Sahne verrühren. Den Teig 15 Minuten zugedeckt ruhen lassen. Dann den steifen Eischnee unterziehen. In zwei größeren Pfannen gleichzeitig Butterschmalz erhitzen. Den Teig einfüllen und die Rosinen auf der Oberfläche verteilen. Bei mittlerer Hitze die Pfannkuchen backen, bis seitlich schwacher Dampf hochsteigt. Dabei die Pfanne öfters rütteln. Dann die Kuchen wenden, an den Rand der Pfanne nochmals Butterschmalz geben. Die gebackenen Pfannkuchen mit zwei Gabeln in Stücke reißen. Die Herdplatte abschalten und den Kaiserschmarrn zugedeckt noch 3–4 Minuten ziehen lassen. Dann sofort servieren.

Das paßt dazu: Zwetschgenkompott oder Powidl (Rezept Seite 99).

Pfannkuchen, Crêpes und Waffeln

Allgäuer Topfenschmarrn

Zutaten für 4–6 Personen:
4 Eßl. ungeschwefelte Rosinen · 3 Eßl. Rum ·
500 g Magerquark · etwa ½ l Milch · 4 Eier ·
1 Prise Salz · 2 Messerspitzen gemahlene
Vanille · 2 Eßl. flüssiger Honig · 175 g Weizen,
fein gemahlen
Zum Ausbacken: Butterschmalz

Zubereitungszeit: 40 Minuten
Ruhezeit: 30 Minuten

Die Rosinen im heißen Rum quellen lassen. Den Quark (Topfen) mit der Milch verrühren; für feuchten Quark weniger Milch verwenden. Die Eier trennen. Die Eigelbe, das Salz, die Vanille und den Honig unter den Quark rühren, dann das Mehl zugeben. Den Teig 30 Minuten zugedeckt ruhen lassen.
Die Eiweiße steif schlagen. Den Eischnee und die Rumrosinen unter den Teig mischen. Butterschmalz in der Pfanne erhitzen, die Teigmasse ½ cm hoch einfüllen und von beiden Seiten goldgelb backen. Dann den Kuchen mit zwei Gabeln in Stücke reißen und auf einer vorgewärmten Platte servieren.

Bayerischer Semmelschmarrn

¼ l Milch · 2 Eier · 2 Messerspitzen gemahlene
Vanille · 1 Prise Salz · 2 Eßl. Honig ·
3–4 altbackene Vollkornbrötchen · 1 gehäufter
Eßl. ungeschwefelte Rosinen
Zum Ausbacken: Butterschmalz

Zubereitungszeit: 45 Minuten

Die Milch erwärmen. Dann die ganzen Eier, die Vanille, das Salz und den Honig mit der Milch verrühren. Die Brötchen in Würfel schneiden, die Rosinen mit den Brotwürfeln mischen und mit der Eimilch übergießen. Etwa 10 Minuten quellen lassen. Dann portionsweise oder in zwei Pfannen gleichzeitig Butterschmalz erhitzen. Den Teig darin verteilen und unter öfterem Wenden goldbraun backen. Mit Apfel- oder Zwetschgenkompott servieren.

Crêpes aus Vollkorn

Grundrezept

Zutaten für etwa 10 Stück:
40 g Butter · 75 g Dinkel, fein gemahlen ·
2 Messerspitzen Salz · 2 Eier · 150 ml Milch ·
2 Eßl. kohlensäurehaltiges Mineralwasser (oder
Bier, Weinbrand, Rum, Orangenlikör)
Zum Ausbacken: Pflanzenmargarine

Zubereitungszeit: 30 Minuten
Ruhezeit: 1 Stunde

Die Butter schmelzen und wieder abkühlen lassen. Die Butter, den Dinkel, das Salz, die Eier, die Milch und das Wasser mit den Quirlen des Handrührgerätes verrühren, dann 1 Stunde zugedeckt kühl stellen.
Die Margarine schmelzen lassen. Eine mittelgroße, schwere Pfanne ohne Fett heiß werden lassen. Küchenpapier in die Margarine tauchen und die Pfanne damit einfetten. So wenig Teig wie möglich in die Pfanne geben, diesen verlaufen lassen und backen, bis die Oberfläche Blasen wirft. Die Crêpe wenden, fertig backen und warm stellen, bis alle gebacken sind.

Tip: Die Crêpes lassen sich mit frischen Früchten, Schlagsahne, Marmelade oder Eis füllen.

Pfannkuchen, Crêpes und Waffeln

Crêpes Suzette

Bild 1. Umschlagseite

Für den Teig: 40 g Butter · 75 g Dinkel, fein gemahlen · ¼ Teel. Salz · 2 Eier · 150 ml Milch · 2 Eßl. Bier (oder Weinbrand, Rum, Orangenlikör)
Für die Sauce: 3 Orangen (Schale unbehandelt) · 1 Zitrone (Schale unbehandelt) · 2 Eßl. Honig · 3 Eßl. Orangenlikör
Zum Ausbacken: Pflanzenmargarine
Zum Flambieren: Weinbrand

Zubereitungszeit: 45 Minuten
Ruhezeit: 1 Stunde

Die Crêpes, wie im Grundrezept gegenüber beschrieben, zubereiten und warm halten. Die Zitrusfrüchte heiß waschen, abtrocknen, dünn abreiben und dann auspressen. In einer Flambierpfanne die Schale mit dem Saft der Früchte und dem Honig erhitzen und etwas einkochen lassen. Dann den Likör zugeben. Nun je 1 Crêpe in die Pfanne geben und in dem Sirup heiß werden lassen, dann herausnehmen, zusammenrollen und warm stellen. Zuletzt alle Crêpes wieder in die Flambierpfanne geben. Den Weinbrand erwärmen, die Crêpes damit begießen und vorsichtig anzünden.

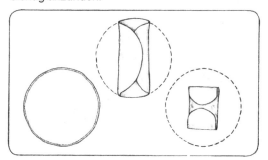

Die klassische Form für das Zusammenfalten der Crêpes. Man kann sie aber auch einfach aufrollen.

Gebackene Topfenpalatschinken

sind eine Wiener Mehlspeise. Der Begriff »Palatschinke« stammt aus dem Tschechischen.

Für den Teig: 80 g Butter · 150 g Dinkel, fein gemahlen · knapp ½ Teel. Salz · 4 Eier · 300 ml Milch · 4 Eßl. kohlensäurehaltiges Mineralwasser (oder Bier, Weinbrand, Rum, Orangenlikör)
Für die Füllung: 70 g weiche Butter · 2 Eßl. flüssiger Honig · 125 g Magerquark · 1 gehäufter Eßl. ungeschwefelte Rosinen · 2 Eier · ⅛ l saure Sahne · 1 Prise Salz · 2 Messerspitzen gemahlene Vanille · abgeriebene Schale von ½ Zitrone (Schale unbehandelt)
Zum Begießen: ½ l Milch · 2 Eßl. Honig · 2 Eier
Zum Ausbacken und für die Form: Pflanzenmargarine

Zubereitungszeit: 2 Stunden
Backzeit: 35 Minuten

Den Teig für Crêpes, wie gegenüber beschrieben, zubereiten und ruhen lassen. In dieser Zeit die Butter schaumig rühren. Den Honig, den Quark (Topfen), die Rosinen, die Eier, die saure Sahne, das Salz, die Vanille und die abgeriebene Zitronenschale mit der Butter verrühren. Für den Guß die Milch erwärmen, mit dem Honig und den Eiern verrühren. Nun aus dem Eierkuchenteig hauchdünne Palatschinken ausbacken und warm stellen. Den Backofen auf 200 °C vorheizen. Jeden Eierkuchen mit Quarkcreme füllen und aufrollen, dann in der Mitte quer auseinanderschneiden. In eine gefettete Auflaufform dachziegelartig die halbierten Palatschinken legen, das heißt jede Reihe liegt zur Hälfte auf der vorherigen. Nun so viel Eimilch darübergießen, daß die oberen Ränder noch herausragen. Die

Pfannkuchen, Crêpes und Waffeln

Topfenpalatschinken auf der mittleren Schiene überbacken, bis die Eimilch gestockt und goldbraun ist; das dauert etwa 35 Minuten.

Mandelwaffeln

3 Eier · 75 g Mandeln · 200 g Butter · 2 Eßl. flüssiger Honig · ¼ Teel. gemahlene Vanille · 1 Eßl. Rum · 150 g Weizen, fein gemahlen · 1 gestrichener Teel. Backpulver
Für das Waffeleisen: Butter

Zubereitungszeit: 35 Minuten
Ruhezeit: 30 Minuten

Die Eier trennen. Die Mandeln feinreiben. Die Butter schaumig rühren. Den Honig, die Vanille, die Eigelbe und den Rum zugeben. Unter Rühren das Mehl mit dem Backpulver und die Mandeln zum Teig geben. 30 Minuten ruhen lassen. Das Waffeleisen vorheizen. Die Eiweiße steif schlagen und unter den Teig ziehen. Die Flächen des Waffeleisens mit Butter einpinseln. Etwas Teig in das Waffeleisen füllen, schließen und backen. Die gebackenen Waffeln auf einem Kuchengitter auskühlen lassen.

Quarkwaffeln

Bild Seite 35

3 Eier · 100 g Butter · 125 g Magerquark · 2 Eßl. flüssiger Honig · abgeriebene Schale von ½ Zitrone (Schale unbehandelt) · etwa 1 Tasse Milch · 150 g Weizen, fein gemahlen
Für das Waffeleisen: Butter

Zubereitungszeit: 35 Minuten
Ruhezeit: 30 Minuten

Die Eier trennen. Die Butter schaumig rühren. Den Quark, den Honig, die abgeriebene Zitronenschale, die Eigelbe und die Milch zugeben, dann das Mehl unterrühren. Den Teig 30 Minuten ruhen lassen. Das Waffeleisen vorheizen. Die Flächen mit Butter einpinseln. Die Eiweiße steif schlagen und unter den Teig ziehen. Etwas Teig in das Eisen füllen. Die Waffeln backen und auf einem Gitter auskühlen lassen.

Fruchtwaffeln

50 g Haselnüsse · 2–3 Eier · 2–3 Eßl. flüssiger Honig · 200 g weiche Butter · 180 g Weizen, fein gemahlen · 1 gehäufter Teel. Backpulver · 1 Messerspitze gemahlene Vanille · ½ Teel. Zimt · 250 g Äpfel
Für das Waffeleisen: Butter

Zubereitungszeit: 1 Stunde

Die Nüsse feinreiben. Mit den Quirlen des Handrührgerätes die ganzen Eier mit dem Honig, der Butter und den Nüssen verrühren. Das Mehl mit dem Backpulver und den Gewürzen zugeben. Den Teig ruhen lassen. In der Zwischenzeit die Äpfel schälen, auf einer Rohkostreibe grobraspeln und sofort mit dem Teig vermengen, damit sie sich nicht verfärben. Das Waffeleisen vorheizen, die Flächen mit Butter einpinseln. Etwas Teig einfüllen, das Waffeleisen schließen und die Waffeln bei milder Hitze backen. Warm oder abgekühlt servieren.

Cremes, Puddings, Geleespeisen

Desserts, die mit Gelatine oder noch besser mit Agar-Agar zubereitet werden, enthalten wenig Kalorien und sättigen trotzdem anhaltend.

Schokoladencreme

1 gehäufter Eßl. Kakao oder 2 gehäufte Eßl. Caroben · ½ l Wasser · 100 g Weizen oder Dinkel, fein gemahlen · 75 g Mandeln · ⅛ l Sahne · 3–4 Eßl. Honig · ¼ Teel. gemahlene Vanille

Zubereitungszeit: 40 Minuten

Den Kakao oder das Caroben in wenig Wasser klümpchenfrei anrühren. Das Wasser erwärmen, das Mehl und den angerührten Kakao oder das Caroben einrühren und alles unter Rühren zum Kochen bringen; ohne Wärmezufuhr einige Minuten ausquellen, dann abkühlen lassen. In der Zwischenzeit die Mandeln brühen, schälen, auf Küchenkrepp trocknen lassen, dann feinreiben. Die Sahne steif schlagen. Unter den kalten Brei den Honig, die Vanille und die Mandeln rühren. Die Sahne vorsichtig unterziehen. Bis zum Servieren kühl stellen.

Tip: Bevor die Sahne zugegeben wird, kann man die Creme mit Kirschwasser oder Rum abschmecken oder die abgeriebene Schale von ½ Orange (Schale unbehandelt) zugeben.

Mandelcreme

½ l Wasser · 100 g Weizen oder Dinkel, fein gemahlen · 3–4 Eßl. Honig. 2 Eßl. Mandelmus oder geschälte, sehr fein geriebene Mandeln · 1 gestrichener Teel. Zimt · 1 Messerspitze gemahlene Vanille · ⅛ l Sahne

Zubereitungszeit: 35 Minuten

Das Wasser erwärmen, das Mehl einrühren, unter Rühren aufkochen und einige Minuten ohne Wärmezufuhr ausquellen, dann abkühlen lassen. Unter den Mehlbrei den Honig, das Mandelmus und die Gewürze rühren. Die Sahne steif schlagen und vorsichtig unterziehen. Die Creme bis zum Servieren kühl stellen.

Sauerkirschcreme

750 g Sauerkirschen · 2 Eier · ½ l Milch · 1 Zitrone (Schale unbehandelt) · 100 g Vollweizengrieß · 2–3 Eßl. Honig · 250 g Magerquark · ⅛ l Sahne

Zubereitungszeit: 40 Minuten

Die Kirschen waschen, 8 Kirschen zur Seite legen, den Rest entkernen. Die Eier trennen, die Eiweiße steif schlagen. Die Milch mit der abgeriebenen Schale von ½ Zitrone in einem kalt ausgespülten Topf zum Kochen bringen. Unter Rühren den Grieß einstreuen und aufkochen, dann auf der abgeschalteten Herdplatte 10 Minuten zugedeckt ausquellen lassen. Unter den abgekühlten Brei den Honig, den Quark, die Eigelbe und den Saft der Zitrone rühren. Die Sahne steif schlagen. Den Eischnee und die Schlagsahne vorsichtig unter die Masse ziehen. In eine Glasschüssel nun eine Schicht Quarkcreme, eine Schicht Kirschen und wieder Quarkcreme füllen. Die letzte Schicht besteht aus Creme, sie wird mit den ganzen Kirschen dekoriert.

Cremes, Puddings, Geleespeisen

Grießpudding

Für dieses und das nebenstehende Rezept benötigen Sie eine verschließbare Puddingform.

*4 Eier · ¼ l Milch · 30 g Butter ·
¼ Teel. gemahlene Vanille · 1 Prise Salz ·
60 g Vollweizengrieß · 2 Eßl. flüssiger Honig
Für die Form: Butter*

Zubereitungszeit: 25 Minuten
Garzeit: 35 Minuten

Die Eier trennen, die Eiweiße steif schlagen. Die Milch, die Butter, die Vanille und das Salz aufkochen. Den Grieß einstreuen, aufkochen und zugedeckt auf der abgeschalteten Herdplatte einige Minuten ausquellen lassen. Einen Topf mit Wasser zum Kochen bringen. Nun die Eigelbe mit dem Honig schaumig rühren, den heißen Grießbrei unterziehen. Den Eischnee vorsichtig unter die Masse heben. Die Puddingform gut ausbuttern und die Grießmasse einfüllen; die Form darf höchstens zu drei Viertel gefüllt sein.

So steht die Puddingform im Wasserbad.

Dann die Form schließen und in das kochende Wasserbad stellen. Den Pudding 35 Minuten garen. Die Form etwas abkühlen lassen, dann den Pudding auf eine Platte stürzen.

Mandelpudding

*200 g Mandeln · 6 Stück Vollkornzwieback ·
⅜ l Milch · 1 Prise Salz · 1 Eßl. Honig · 6 Eier
Für die Form: Butter*

Zubereitungszeit: 40 Minuten
Garzeit: 1 Stunde

Die Mandeln feinreiben. 5 Zwiebäcke zerbröckeln, mit der Milch und dem Salz zum Kochen bringen und so lange unter ständigem Rühren kochen, bis sich der Teig vom Topfboden löst. Nun die Mandeln und den Honig zugeben. Einen großen Topf mit Wasser zum Kochen bringen. Die Eier trennen. Die Eiweiße steif schlagen. Die Eigelbe unter den Zwiebackbrei rühren, dann den Eischnee unterziehen. Die Puddingform ausbuttern. Den 6. Zwieback mit dem Nudelholz zerbröseln und die Form damit ausstreuen. Den Teig einfüllen. Die Form verschließen und in das kochende Wasserbad stellen. Den Pudding 1 Stunde bei kleiner Hitze leicht kochen lassen. Dann die Form aus dem Wasserbad nehmen, 10 Minuten abkühlen lassen, öffnen und den Pudding auf einen Teller stürzen.

Das paßt dazu: heiße Vanillesauce (Rezept Seite 64) oder Weinschaum (Rezept Seite 65).

Buchweizengrütze

Buchweizengrütze ist ein sehr bekömmliches Frühstücksgericht.

*Zutaten für 4–6 Personen:
40 g Butter · 1 l Wasser · 2 Prisen Salz ·
250 g Buchweizen, grob gemahlen ·
4 Eßl. Joghurt · 4 Eßl. Ahornsirup*

Cremes, Puddings, Geleespeisen

Zubereitungszeit: 15 Minuten

Die Butter, das Wasser und das Salz zum Kochen bringen. Den Buchweizen einstreuen, unter Rühren aufkochen und auf der ausgeschalteten Herdplatte zugedeckt etwa 10 Minuten ausquellen lassen. Die Grütze in vorgewärmte Teller füllen. In die Mitte mit einem Löffel eine Vertiefung drücken und je einen Eßlöffel Joghurt in die Vertiefung geben. Die Grütze mit Ahornsirup beträufeln.

Hirsebrei

*2 Tassen Wasser · 1 Prise Salz ·
1 Vanilleschote · 1 Tasse Hirse · 1 Eßl.
ungeschwefelte Rosinen · 1 Eßl. Haselnüsse ·
Milch · Ahornsirup*

Zubereitungszeit: 30 Minuten

Das Wasser mit dem Salz und dem ausgekratzten Mark der Vanilleschote zum Kochen bringen. Die Hirse einstreuen, aufkochen und 20 Minuten bei geringer Hitze zugedeckt ausquellen lassen. Die Rosinen mit heißem Wasser überbrühen. Die Nüsse grobhacken. Milch erhitzen und so viel Milch zur körnig gekochten Hirse geben, daß ein Brei entsteht. Mit den abgetropften Rosinen sowie den Nüssen vermengen und mit Ahornsirup nach Geschmack süßen. Heiß servieren.

Grießflammeri

*1 l Milch · 1 Prise Salz · 200 g Vollweizengrieß ·
3 Eier · 3 Eßl. Honig · abgeriebene Schale von
1 Zitrone (Schale unbehandelt)*

Zubereitungszeit: 20 Minuten
Kühlzeit: mindestens 2 Stunden

In einem kalt ausgespülten Topf die Milch mit dem Salz zum Kochen bringen. Den Grieß einstreuen und aufkochen, dann 10 Minuten bei milder Hitze unter Umrühren ausquellen lassen. Die Eier trennen. Den Honig und die abgeriebene Zitronenschale mit den Eigelben unter den Grießbrei rühren. Die Eiweiße steif schlagen und den Eischnee unter den Brei ziehen. Den Flammeri in eine kalt ausgespülte Puddingform füllen und kalt stellen.

Das paßt dazu: Erdbeersauce oder Heidelbeersauce (Rezepte Seite 64).

Reis Trauttmansdorff

*1 Vanilleschote · ½ l Milch · 1 Prise Salz ·
100 g Natur-Rundkornreis ·
300–500 g verschiedene Früchte, zum Beispiel
Kirschen, Pfirsiche, Aprikosen und Birnen ·
nach Belieben 2 Eßl. Obstbranntwein ·
2 Eßl. Mandeln · 4 Blatt farblose Gelatine ·
3 Eßl. flüssiger Honig · ⅛ l Sahne*

Zubereitungszeit: 1 Stunde
Kühlzeit: etwa 2 Stunden

Die Vanilleschote halbieren und das Mark herauskratzen. Einen Topf kalt ausspülen. Die Milch mit dem Salz und dem Vanillemark zum Kochen bringen. Den Reis einstreuen, aufkochen und bei milder Hitze zugedeckt in 40 Minuten ausquellen lassen. Die Früchte waschen oder schälen, kleinschneiden und in so wenig Wasser wie möglich weich dünsten, dann abkühlen und abtropfen lassen. Nach Belieben mit dem Alkohol beträufeln. Die Mandeln brühen, schälen und grobhak-

Cremes, Puddings, Geleespeisen

ken. Die Gelatine in wenig kaltem Wasser einweichen, dann erwärmen und auflösen. Nun den Reis mit den Früchten, dem Honig, den Mandeln sowie der Gelatine mischen und kalt stellen. Die Sahne steif schlagen. Wenn der Reis steif zu werden beginnt, die Sahne unterheben. Den Reis in eine kalt ausgespülte Puddingform füllen und wieder kühl stellen. Vor dem Servieren auf eine Platte stürzen.

Reis Romanow

½ l Milch · 1 Prise Salz · 75 g Natur-Rundkornreis · 500 g Erdbeeren · etwa 100 g Honig · 4 Blatt farblose Gelatine · ¼ l Sahne

Zubereitungszeit: 1 Stunde
Kühlzeit: 1 Stunde

Die Milch mit dem Salz in einem kalt ausgespülten Topf zum Kochen bringen. Den Reis einstreuen und 40 Minuten auf kleinster Hitze zugedeckt ausquellen lassen. Die Beeren waschen, wenn nötig entstielen und auf Küchenpapier trocknen lassen. Die Hälfte der Erdbeeren halbieren. Den Reisbrei mit dem Honig süßen. Dann die Gelatine in wenig kaltem Wasser einweichen, erwärmen, auflösen und unter den Reisbrei rühren. Wenn die Masse steif zu werden beginnt, die Sahne steif schlagen und zusammen mit den halbierten Erdbeeren unterziehen; kalt stellen. Die restlichen Erdbeeren pürieren, nach Bedarf süßen und als Sauce zur Reisspeise servieren.

Russische Creme

400 ml Sahne · 3 Eigelbe · 2 Eßl. flüssiger Honig · 3 Eßl. Rum

Zubereitungszeit: 10 Minuten

Die Sahne steif schlagen. Die Eigelbe und den Honig mit den Quirlen des Handrührgerätes cremig rühren, dann tropfenweise den Rum unterrühren. Die Sahne unter die Rumcreme heben. Die Creme in vier Portionsgläser füllen und bis zum Servieren kühl stellen.

Bayerische Creme

¼ l Milch · 1 Prise Salz · 1 Vanilleschote · 3 Eigelbe · 3–4 Eßl. flüssiger Honig · 5 Blatt farblose Gelatine · ¼ l Sahne · 1 Eßl. Pistazienkerne

Zubereitungszeit: 50 Minuten
Kühlzeit: 1 Stunde und 30 Minuten

Einen Topf mit kaltem Wasser ausspülen. Die Milch mit dem Salz und der aufgeschlitzten Vanilleschote im Topf zum Kochen bringen, dann zugedeckt 10 Minuten ziehen lassen. Die Eigelbe und den Honig mit den Quirlen des Handrührgerätes schaumig rühren. Die Vanilleschote aus der Milch nehmen, die Vanillemilch unter die Eigelbe rühren und so lange weiterrühren, bis eine dickliche Creme entsteht. Eventuell den Topf in ein heißes Wasserbad stellen. Nun die Gelatine zerkleinern, in wenig kaltem Wasser einweichen, erwärmen, bis sie gelöst ist, dann unter die Eimilch ziehen. Abkühlen lassen, dabei öfter umrühren. Wenn die Creme zu gelieren beginnt, die Sahne steif schlagen. Etwa drei Viertel der Schlagsahne unter die Creme ziehen. Die Creme

Cremes, Puddings, Geleespeisen

in vier Gläser füllen und kalt stellen. Die restliche Sahne in einen Spritzbeutel füllen. Die Creme vor dem Servieren mit Sahnetupfern und Pistazien garnieren.

Apfelgelee

500 g säuerliche Äpfel · ¼ l trockener Weißwein oder ungesüßter Apfelsaft · 1 Zitrone (Schale unbehandelt) · ½ Teel. gemahlener Ingwer · 3–4 Eßl. flüssiger Honig · 3 Blatt farblose Gelatine · 2 Eiweiße · 4 Walnüsse

Zubereitungszeit: 1 Stunde
Kühlzeit: 1 Stunde und 30 Minuten

Die Äpfel vierteln, schälen, von Kernhaus und Blüte befreien und kleinschneiden. Die Apfelstücke mit der Flüssigkeit aufkochen und gar ziehen lassen. Das Kompott etwas abkühlen lassen, dann mit dem Schneebesen musig schlagen. Den Saft der ganzen und die abgeriebene Schale der halben Zitrone, den Ingwer und den Honig zugeben. Die Gelatine zerkleinern, in wenig kaltem Wasser einweichen, erwärmen und mit dem Kompott verrühren, dann kalt stellen. Wenn das Gelee fest zu werden beginnt, die Eiweiße steif schlagen und unter das Apfelgelee ziehen. In vier Portionsgläser füllen und wieder kühl stellen. Das Gelee vor dem Servieren mit halbierten Walnußkernen garnieren.

Rohe rote Grütze

*Zutaten für 4–6 Personen:
½ l Wasser · 100 g echter Sago ·
etwa 350 g Johannisbeeren oder Stachelbeeren · etwa 350 g Himbeeren oder Erdbeeren · 3–6 Eßl. flüssiger Honig, je nach Süße der Früchte · ¼ Teel. gemahlene Vanille*

Zubereitungszeit: 50 Minuten

Das Wasser zum Kochen bringen, den Sago einstreuen, aufkochen und unter öfterem Umrühren kochen lassen, bis die Masse glasig ist, dann kalt stellen. Die Früchte waschen, verlesen, dann mit dem Honig pürieren. Die Sagomasse mit dem Schneebesen aufschlagen, das Beerenmus und die Vanille untermischen. Die rote Grütze in Gläsern anrichten.

Das paßt dazu: Crème fraîche oder ungeschlagene Sahne.

Rhabarbergrütze

750 g Rhabarber · 650 ml Wasser · 125 g echter Sago · ½ Zitrone (Schale unbehandelt) · Honig · 2 Becher Kefir

Zubereitungszeit: 50 Minuten
Kühlzeit: 1–2 Stunden

Den Rhabarber schälen, die Enden abschneiden und die Stangen in kleine Stücke schneiden. Das Wasser mit dem Sago zum Kochen bringen. Nach 25 Minuten die Rhabarberstückchen zugeben und noch 5 Minuten köcheln lassen, bis die Masse glasig ist. Die Mischung etwas abkühlen lassen, dann mit dem Saft und der abgeriebenen Schale der Zitrone sowie Honig abschmecken. Die Rhabarbergrütze in eine Glasschüssel füllen und kalt stellen. Mit Kefir, der nach Bedarf mit Honig gesüßt werden kann, servieren.

Cremes, Puddings, Geleespeisen

Grüne Grütze

250 g Stachelbeeren · 250 g Äpfel · ¼ l Weißwein oder ungesüßter Apfelsaft · abgeriebene Schale von ½ Zitrone (Schale unbehandelt) · 3–5 Eßl. Honig · 1 Zimtstange · 1 Messerspitze gemahlene Vanille · 1 gestrichener Teel. Agar-Agar

Zubereitungszeit: 45 Minuten
Kühlzeit: 1–2 Stunden

Die Stachelbeeren waschen und putzen; die Äpfel schälen, von Kernhaus, Stiel und Blüte befreien und in nicht zu dünne Schnitze schneiden. Den Weißwein oder den Apfelsaft mit der Zitronenschale, dem Honig, der Zimtstange und der Vanille aufkochen. Die Stachelbeeren in die Flüssigkeit geben und weich dünsten. Die Beeren mit einem Schaumlöffel herausnehmen. Nun die Apfelspalten hineinlegen, weich dünsten – sie sollen nicht zerfallen – und ebenfalls mit dem Schaumlöffel herausnehmen. Die Zimtstange entfernen. Nun das Agar-Agar in wenig Wasser klümpchenfrei anrühren und zur Flüssigkeit geben. Die Früchte mit der Flüssigkeit mischen, in eine Glasschüssel füllen und kalt stellen.

Das paßt dazu: Vanillesauce (Rezepte Seite 64), ungeschlagene Sahne oder Crème fraîche.

Zwetschgengrütze

Diese Süßspeise ist für Kinder nicht geeignet.

500 g Zwetschgen · ¼ l weißer Portwein · abgeriebene Schale von 1 Zitrone (Schale unbehandelt) · 1 Orange (Schale unbehandelt) · 2 Eßl. Honig · 1 Zimtstange · 25 g echter Sago · Sahne

Zubereitungszeit: 40 Minuten
Kühlzeit: 1–2 Stunden

Die Zwetschgen waschen und entsteinen. Die Früchte zusammen mit dem Portwein, der abgeriebenen Zitronen- und Orangenschale, dem Saft der Orange, dem Honig, der Zimtstange und dem Sago etwa 20 Minuten kochen, bis der Sago glasig ist. Die Zimtstange entfernen. Die Zwetschgengrütze in eine Glasschüssel füllen und kalt stellen. Mit flüssiger Sahne servieren.

Gelee aus rohen Früchten

Bild Seite 54

250 g Erdbeeren oder Himbeeren, auch ungezuckerte tiefgefrorene Früchte · 500 g Johannisbeeren · 5 Eßl. flüssiger Honig · 3 Blatt farblose Gelatine · 3 Blatt rote Gelatine

Zubereitungszeit: 10 Minuten
Kühlzeit: 1 Stunde

Die Beeren verlesen, waschen, abtropfen lassen und, wenn nötig, entstielen. Dann alle Beeren zusammen mit dem Honig im Mixer pürieren und durch ein Sieb passieren. Die Gelatine zerkleinern, in wenig kaltem Wasser einweichen, dann erwärmen und auflösen. Nun 2 Eßlöffel Fruchtmark zur Gelatine rühren, dann die Gelatine unter den restlichen Fruchtbrei mischen. Förmchen kalt ausspülen, die Masse einfüllen und kalt stellen. Das Fruchtgelee vor dem Servieren stürzen.

Das paßt dazu: Vanillesauce (Rezepte Seite 64), Weinschaum (Rezept Seite 65), Crème fraîche und für Figurbewußte Dickmilch, Joghurt oder Kefir.

Cremes, Puddings, Geleespeisen

Pfirsichschnee

*4 reife Pfirsiche · 1 EBl. Honig · Saft von
½ Zitrone · nach Belieben Orangenlikör ·
6 Blatt farblose Gelatine oder 1 gehäufter Teel.
Agar-Agar · 2 Eiweiße*

Zubereitungszeit: 30 Minuten
Kühlzeit: 1–2 Stunden

Die Pfirsiche waschen, halbieren, entsteinen und in einen Topf mit großem Durchmesser legen. Mit Wasser bedecken und zugedeckt aufkochen, dann weich ziehen lassen. Den Saft abgießen und auffangen. Die Haut von den Pfirsichen abziehen. Die Früchte mit dem Honig, dem Saft der Zitrone sowie ¼ l Pfirsichsaft pürieren. Eventuell mit dem Likör abschmecken. Die Gelatine zerkleinern, in wenig kaltem Wasser einweichen, erwärmen und auflösen. Oder das Agar-Agar in wenig kaltem Wasser klümpchenfrei anrühren. Das Geliermittel zum warmen Fruchtbrei geben, verrühren und kalt stellen. Die Eiweiße steif schlagen. Wenn die Masse zu gelieren beginnt, den Eischnee unterziehen. Den Pfirsichschnee in vier Portionsgläser füllen und nochmals kühl stellen.

Variante: Statt Pfirsichschnee können Sie mit 6–8 reifen Aprikosen Aprikosenschnee herstellen.

Mandelgelee mit Sahne

*½ l Milch · 2 EBl. Mandelmus oder geschälte, sehr fein geriebene Mandeln · 2 EBl. flüssiger Honig · ¼ Teel. gemahlene Vanille ·
1 gestrichener EBl. Caroben · 1 gehäufter Teel.
Agar-Agar
Zum Garnieren: ⅛ l Sahne · 1 EBl. Pistazienkerne*

Zubereitungszeit: 20 Minuten
Kühlzeit: 1 Stunde

Einen Topf kalt ausspülen. Die Milch mit dem Mandelmus, dem Honig und der Vanille verrühren. Das Caroben und das Agar-Agar getrennt jeweils in wenig Wasser klümpchenfrei anrühren und mit der Mandelmilch vermengen. Alles unter Rühren erhitzen und fast bis zum Kochen kommen lassen. Die Mandelcreme in vier Portionsgläser füllen und kalt stellen. Die Sahne steif schlagen, in einen Spritzbeutel füllen und vor dem Servieren Tupfer auf die Creme spritzen. Mit kleingehackten Pistazien bestreuen.

Mokkacreme

*5 Eier · ⅛ l Mokka oder starker Kaffee ·
2–3 EBl. Ahornsirup · ¼ Teel. gemahlene
Vanille · ¼ l Milch · 4 Blatt farblose Gelatine
Zum Garnieren: Sahne und Pistazien*

Zubereitungszeit: 30 Minuten
Kühlzeit: 1 Stunde

Die Eier trennen. Den warmen Mokka oder Kaffee mit den Eigelben, dem Sirup und der Vanille cremig rühren. Die Milch zugeben. Die Gelatine zerkleinern, in wenig Wasser einweichen, dann erwärmen, auflösen und unter die Creme rühren. Die Mokkacreme kalt stellen, dabei öfter umrühren. Wenn die Creme zu gelieren beginnt, die Eiweiße steif schlagen und vorsichtig unterziehen. Die Mokkacreme in vier Portionsgläser füllen und nochmals kühl stellen. Die Sahne steif schlagen. Die Creme mit Sahnetupfern und gehackten Pistazien garnieren.

Cremes, Puddings, Geleespeisen

Pflaumen in Gelee

Ein köstliches Dessert, allerdings nur für Erwachsene!

1 kg Pflaumen · 2 Eßl. Zwetschgenwasser · ¼ l Rotwein · ¼ l Wasser · 1 Eßl. Honig · 1 Zimtstange · abgeriebene Schale von ½ Zitrone (Schale unbehandelt) · 4 Blatt weiße Gelatine · 4 Blatt rote Gelatine

Zubereitungszeit: 30 Minuten
Kühlzeit: etwa 1 Stunde

Die Pflaumen waschen, halbieren, entsteinen und in einer Schüssel mit dem Zwetschgenwasser beträufeln. Den Wein und das Wasser mit dem Honig, der Zimtstange sowie der Zitronenschale mischen und zum Kochen bringen. Die Pflaumen zugeben und zugedeckt 5 Minuten ziehen lassen. Die Gelatine zerkleinern, in wenig kaltem Wasser einweichen, erwärmen und auflösen, dann zum Pflaumenkompott rühren. Das Kompott kalt stellen, während des Abkühlens öfter umrühren. Das Gelee, wenn es zu erstarren beginnt, in vier kalt ausgespülte Portionsgläser füllen.

Himbeergelee

*250 g frische oder ungesüßte tiefgefrorene Himbeeren · 2 Becher Joghurt (je 175 ml) · 200 ml Sahne · Honig nach Belieben · 6 Blatt farblose Gelatine
Zum Garnieren: 1 Becher Crème fraîche · 1 Eßl. Pistazienkerne*

Zubereitungszeit: 15 Minuten
Kühlzeit: etwa 1 Stunde

Die frischen Himbeeren verlesen, waschen und, wenn nötig, entstielen; tiefgefrorene Beeren auftauen lassen. Die Himbeeren mit dem Joghurt und der Sahne im Mixbecher pürieren, dann durch ein Sieb streichen und nach Belieben mit Honig süßen. Die Gelatine zerkleinern, in wenig kaltem Wasser einweichen, erwärmen und auflösen. 2 Eßlöffel Fruchtbrei zur Gelatine rühren, dann die Gelatine mit dem restlichen Fruchtbrei vermengen. Das Gelee in vier Portionsgläser füllen und im Kühlschrank erstarren lassen. Jede Portion vor dem Servieren mit einem Tupfer Crème fraîche und mit gehackten Pistazien garnieren.

Fruchtgelee

300 g Früchte, zum Beispiel blaue Trauben · 0,7 l ungesüßter Fruchtsaft, zum Beispiel Holunder-Apfel-Saft · 1 Prise gemahlene Vanille · ½ Teel. Zimt · 1 Prise gemahlene Nelken · 1 Eßl. Honig · 1 gehäufter Teel. Agar-Agar

Zubereitungszeit: 25 Minuten
Kühlzeit: etwa 1 Stunde

Die Trauben waschen, halbieren, von den Kernen befreien und in vier Portionsgläsern verteilen. Den Fruchtsaft mit dem Vanille-, dem Zimt-, dem Nelkenpulver und dem Honig verrühren. Das Agar-Agar in wenig Wasser verrühren, zum Saft geben und unter Rühren erhitzen, bis die Mischung fast kocht. Die Flüssigkeit etwas abkühlen lassen und über die Früchte gießen. Kalt stellen, bis das Gelee steif ist.

Obstdesserts, kalt und heiß

Früchte haben immer Saison, und zu jeder Jahreszeit gibt es preiswertes Obst. Bei Rezepten, in denen Alkohol als Geschmackszutat verwendet werden soll, können Sie jeweils dieselbe Menge ungesüßten Fruchtsaft verwenden.

Feiner Obstsalat

Verschiedene Früchte der Saison · Saft von 1 Zitrone · 40 g geschälte, blättrig geschnittene Mandeln oder 2 Eßl. Kokosflocken · 10 g Butter · ⅛ l Sahne · 1 Eigelb · 1 Eßl. Ahornsirup · 1 Teel. Zitronensaft · 2 Eßl. trockener Sherry

Zubereitungszeit: 30–40 Minuten

Die Früchte waschen oder schälen und je nach Sorte entkernen beziehungsweise zerkleinern. Die Früchte mit etwas Zitronensaft beträufeln. Die Mandeln oder Kokosflocken in der Butter hellbraun rösten und abkühlen lassen. Die Sahne steif schlagen. Das Eigelb und den Sirup gründlich verrühren, 1 Teelöffel Zitronensaft und den Sherry zugeben. Die Sahne unter die Eicreme heben. Dieses Dressing auf die vorbereiteten Früchte geben und den Salat mit den Mandelblättchen oder Kokosflocken bestreuen.

Variante: Statt Sherry können Sie für die Salatsauce einen herben Obstsaft verwenden.

Winterlicher Obstsalat

50 g geschälte, blättrig geschnittene Mandeln · 10 g Butter · 2 rote Grapefruits · 2 Orangen · 2 Bananen · 12 Datteln · ¼ l Sahne · ¼ Teel. gemahlene Vanille · 1 Eßl. Ahornsirup

Zubereitungszeit: 40 Minuten

Die Mandelblättchen in der Butter hellbraun rösten und abkühlen lassen. Die Grapefruits und die Orangen schälen, teilen, filieren (die Spalten von der Haut befreien) und in Stückchen schneiden, dabei den abtropfenden Saft auffangen. Die Bananen schälen und in Scheiben schneiden. Die Datteln entkernen und in Stückchen schneiden. Das Obst mischen und mit dem aufgefangenen Saft in vier Portionsschalen verteilen. Die Sahne steif schlagen, mit der Vanille würzen und vorsichtig mit dem Sirup süßen. Die Vanillesahne auf das Obst geben und mit den Mandelblättchen bestreuen.

Variante: Statt gerösteter Mandelblättchen schmecken geröstete Kokosflocken sehr gut zu diesem Obstsalat.

Ambrosia-Obstsalat

»Ambrosia« war die Lieblingsspeise der griechischen Götter!

1 frische Ananas · 2 Orangen · 1 Tasse trockener Sherry · 2 Eßl. Ahornsirup · 20 g Butter · 75 g geschälte, gehobelte Mandeln

Zubereitungszeit: 1 Stunde
Kühlzeit: etwa 2 Stunden

Die Ananas in Scheiben schneiden, schälen, den Strunk in der Mitte entfernen. Die Orangen schälen, in Schnitze teilen und filieren, das heißt von der Haut befreien. Das macht zwar Mühe, doch es lohnt sich! Nun den Sherry mit dem Sirup verrühren. Die Früchte schichtweise in eine Schüssel geben und mit dem gesüßten Sherry beträufeln. Die Schüssel mit Plastikfolie verschließen

Obstdesserts, kalt und heiß

und etwa 2 Stunden in den Kühlschrank stellen. Die Butter in einer Pfanne erhitzen. Die Mandelblättchen darin goldbraun rösten, dann abkühlen lassen. Die Früchte in vier Dessertteller verteilen, mit der Sherrysauce beträufeln, mit den Mandeln bestreuen und sofort servieren.

Die Orangenschnitze werden an der Oberkante mit einem scharfen Messer eingeschnitten, die Haut nach den Seiten abgezogen.

Roh gerührtes Rhabarberkompott

Dieses rohe Kompott schmeckt viel aromatischer als gekochtes. Der natürliche Fruchtzucker macht die Zugabe von Süßungsmitteln überflüssig.

6 Stangen Rhabarber · 1 großer Apfel · 1 große Birne · 1 große Banane · Zitronensaft

Zubereitungszeit: 10 Minuten

Den Rhabarber waschen, älteren Rhabarber schälen, und in etwa 3 cm lange Stücke schneiden. Dann in den Mixbecher oder ein hohes Rührgefäß geben. Den Apfel und die Birne vierteln, vom Kernhaus befreien, schälen, zerkleinern und ebenfalls in den Becher geben. Die Banane schälen, in Stückchen schneiden und zugeben. Den Zitronensaft über die Früchte gießen und das Kompott pürieren. Sofort servieren.

Kürbiskompott

1 kg Kürbis · ½ l Wasser · 3 Eßl. Honig · 5 Eßl. Apfelessig · 1 Zimtstange · 5 ganze Nelken

Zubereitungszeit: 30 Minuten

Den Kürbis vierteln, schälen, die Kerne entfernen und das Fruchtfleisch in mundgerechte Würfel schneiden. Das Wasser mit dem Honig, dem Essig, der Zimtstange und den Nelken zum Kochen bringen. Die Kürbiswürfel hineinlegen und etwa 10 Minuten zugedeckt kochen lassen, bis sie glasig sind. Das Kompott abgekühlt servieren.

Tip: Das Kürbiskompott kann durch Sterilisieren (10 Minuten) in Gläsern haltbar gemacht werden.

Aprikosenkompott

500 g ungeschwefelte getrocknete Aprikosen · ¼ l Wasser · ½ l trockener Weiß- oder Rotwein, ersatzweise ungesüßter Apfelsaft · 1 Zimtstange · nach Belieben Zitronensaft · Honig

Zubereitungszeit: 30 Minuten

Die Aprikosen halbieren, mit dem Wasser, dem Wein oder Obstsaft und der Zimtstange zum Kochen bringen und zugedeckt 10 Minuten ziehen lassen. Das Kompott abkühlen lassen. Die Zimtstange entfernen. Nach Belieben mit Zitronensaft und Honig abschmecken.

Obstdesserts, kalt und heiß

Erdbeeren Romanow

500 g Erdbeeren · 1 Orange (Schale unbehandelt) · 2 Eßl. Orangenlikör · 2–3 Eßl. Honig · 200 ml Sahne

Zubereitungszeit: 30 Minuten
Kühlzeit: 45 Minuten

Die Erdbeeren entstielen, waschen und halbieren. Die Orange abreiben und auspressen. Den Orangensaft mit der -schale, dem Likör sowie 1–2 Eßlöffeln Honig verrühren und über die Erdbeeren träufeln. Zugedeckt 30 Minuten in den Kühlschrank stellen. Die Sahne steif schlagen und mit dem restlichen Honig süßen. In hohe Gläser abwechselnd eine Schicht Erdbeeren und eine Schicht Sahne füllen. Nochmals kühl stellen.

Aprikosen Mistral

8 vollreife Aprikosen · 250 g vollreife Erdbeeren · 2 Eßl. flüssiger Honig · 1 Eßl. Orangenlikör oder ½ Orange (Schale unbehandelt) · 200 ml Sahne · 2 Messerspitzen gemahlene Vanille

Zubereitungszeit: 35 Minuten

Die Aprikosen kurz in kochendes Wasser tauchen, dann halbieren, entkernen und die Haut abziehen. Die Aprikosenhälften in vier Desserttellern anrichten. Nun die Erdbeeren waschen, mit Küchenpapier abtrocknen, wenn nötig, entstielen und mit 1 Eßlöffel Honig sowie dem Orangenlikör oder ½ Teelöffel abgeriebener Orangenschale und 1 Eßlöffel Orangensaft pürieren. Das Erdbeermus um die Aprikosen verteilen. Die Sahne steif schlagen, mit 1 Eßlöffel Honig und der Vanille abschmecken, in einen Spritzbeutel füllen und Tupfer auf die Aprikosen und die Erdbeersauce spritzen.

Flan

Flan ist eine spanische Süßspeise.

Für den Teig: 4–5 Eier · 1 Prise Salz · 4 Eßl. lauwarmes Wasser · 125 g flüssiger Honig · ¼ Teel. gemahlene Vanille · 175 g Weizen, fein gemahlen · 1 gehäufter Teel. Backpulver
Für die Form: Butter
Für den Weinschaum: 2 Eier · 1 Eigelb · 1 Eßl. Zitronensaft · 2–3 Eßl. Ahornsirup · ⅛ l trockener Weißwein
Für den Belag: gemischtes Kompott oder bunter Obstsalat aus Früchten der Saison, wie Äpfeln, Birnen, Erdbeeren, Himbeeren, Pfirsichen, Aprikosen, Ananas
Zum Garnieren eventuell: Butter und Mandelsplitter oder Pistazienkerne

Zubereitungszeit: 30–40 Minuten
Backzeit: 30 Minuten

Am Vortag nach dem Grundrezept auf Seite 85 eine Biskuittorte in einer Springform backen. Am nächsten Tag die Torte einmal durchschneiden; die eine Hälfte für einen Obstkuchen verwenden. Die andere Hälfte in Würfel schneiden. Die Biskuitwürfel in mittelhohe Dessertgläser verteilen. Den Weinschaum, wie auf Seite 65 beschrieben, zubereiten. Die Biskuitwürfel mit Kompott oder Obstsalat belegen, darauf den Weinschaum streichen. Die Speise nach Belieben mit in Butter gerösteten Mandelsplittern oder gehackten Pistazien garnieren.

Alle lebensnotwendigen Nährstoffe bietet dieses ▷ Schlemmerfrühstück am Morgen; doch es schmeckt auch als Imbiß zwischendurch. Rezept Seite 57.

Zitronenschaum

5–6 Eigelbe · ¼ l trockener Weißwein, ersatzweise ungesüßter Apfelsaft · 1 Zitrone (Schale unbehandelt) · 2 Eßl. Honig · 1 Prise Salz

Zubereitungszeit: 15 Minuten

In einem Topf mit großem Durchmesser Wasser zum Kochen bringen. In einem kleinen Topf die Eigelbe, den Wein oder Saft, die abgeriebene Schale der ganzen Zitrone und 2 Eßlöffel Zitronensaft mit dem Honig und dem Salz vermengen. Den Topf in das Wasserbad stellen. Die Mischung mit den Quirlen des Handrührgerätes so lange schlagen, bis eine dickliche Schaumcreme entsteht. Sofort servieren.

Variante: Verwenden Sie statt der Zitrone 1 Orange mit unbehandelter Schale.

Rhabarber in Weinschaum

Bild 4. Umschlagseite

*500 g Rhabarber · 1 Orange (Schale unbehandelt) · 1 Teel. Pistazienkerne · 2–3 Eßl. Ahornsirup
Für den Weinschaum: 2 Eier · 1 Eigelb · 1 Eßl. Zitronensaft · 2–3 Eßl. Ahornsirup · ⅛ l trockener Weißwein*

Zubereitungszeit: 30 Minuten

Den Rhabarber putzen und waschen. Älteren Rhabarber abziehen, jüngeren nicht schälen. Die Stangen in etwa 4 cm lange Stücke schneiden. Die Orangenschale abreiben und die Orange auspressen. Die Pistazienkerne kleinhacken.

Den Rhabarber mit dem Orangensaft, der Hälfte der Orangenschale und dem Ahornsirup zum Kochen bringen und in etwa 5 Minuten gar ziehen lassen. Den Weinschaum, wie im Rezept auf Seite 65 beschrieben, zubereiten. Den Rhabarber in Portionsteller füllen und den Weinschaum darauf verteilen. Mit der restlichen Orangenschale und den Pistazien garnieren.

Apfelbaiser

*6–8 Äpfel · 20 g Butter · ⅛ l trockener Weißwein oder ungesüßter Apfelsaft · 2 Eßl. ungeschwefelte Rosinen · 2–3 Eßl. Honig · 3 Eiweiße · 1 Prise gemahlene Vanille
Für die Form: Butter*

Zubereitungszeit: 30 Minuten
Backzeit: 10–15 Minuten

Die Äpfel vierteln, vom Kernhaus befreien und schälen. Die Apfelviertel in Schnitze schneiden und in der Butter sowie dem Wein oder Apfelsaft weich dünsten. In den letzten 2 Minuten die Rosinen mitdünsten. Den Backofen auf 230 °C vorheizen. Das Kompott mit 1–2 Eßlöffeln Honig süßen und heiß in eine gebutterte Auflaufform füllen. Die Eiweiße zu steifem Schnee schlagen, mit 1 Eßlöffel Honig süßen und mit der Vanille würzen. Die Schaummasse auf das Kompott streichen und das Apfelbaiser auf der obersten Schiene 10–15 Minuten goldgelb überbacken.

◁ Fast aus allen Früchten kann man raffinierte Gelees zubereiten. Sehr gut passen Erdbeeren oder Himbeeren und Johannisbeeren zusammen. Rezept Seite 46.

Äpfel mit Mandelhäubchen

*4 Äpfel · etwa ¼ l Wasser · 2½ Eßl. Honig ·
1 Nelke · ½ Zimtstange · 1 Zitrone (Schale unbehandelt) · 100 g Mandeln · 3 Eier ·
125 g Butter · 1½ Eßl. flüssiger Honig
Für die Form: Butter*

Zubereitungszeit: 40 Minuten
Backzeit: etwa 20 Minuten

Die Äpfel halbieren und schälen, das Kernhaus, den Stiel und die Blüte entfernen. Die Apfelhälften in einen Topf mit so großem Durchmesser geben, daß alle darin Platz haben. Das Wasser mit 1 Eßlöffel Honig verrühren, die Nelke, die Zimtstange und die abgeschälte Schale der halben Zitrone zugeben. Die Schale der anderen Zitronenhälfte abreiben. Die Apfelhälften zugedeckt weich dünsten, dann abtropfen lassen. Die Mandeln brühen, schälen, auf Küchenpapier trocknen und feinreiben. Die Eier trennen, die Eiweiße steif schlagen. Den Backofen auf 200 °C vorheizen. Die Butter schaumig rühren, 1½ Eßlöffel Honig, die Eigelbe und die Mandeln unterrühren, den Saft der ganzen Zitrone und ½ Teelöffel abgeriebene Zitronenschale zugeben. Dann den Eischnee unterziehen. Eine große oder zwei kleine Auflaufformen ausbuttern. Die Äpfel mit der Wölbung nach oben in die Form legen. Die Mandelmasse über die Äpfel streichen und auf der obersten Schiene überbacken, bis die Oberfläche goldgelb ist – etwa 20 Minuten.

Honigäpfel

*2 gehäufte Eßl. ungeschwefelte Rosinen ·
2 Eßl. Rum · 2 Eßl. Mandeln · 4 große Äpfel ·
3 Eßl. Honig · 4 Eßl. Zitronensaft
Für die Form und zum Bestreichen: Butter*

Zubereitungszeit: 15 Minuten
Backzeit: etwa 40 Minuten

Die Rosinen im warmen Rum quellen lassen. Die Mandeln grobhacken. Die Äpfel waschen, abtrocknen und das Kernhaus herausstechen. Den Honig mit dem Zitronensaft, den Mandeln und den Rosinen vermengen. Die Äpfel in eine gebutterte Auflaufform stellen, mit der Honigmasse füllen und mit flüssiger Butter bestreichen. Die Form auf die mittlere Schiene des kalten Backofens stellen. Die Honigäpfel bei 225 °C etwa 40 Minuten backen lassen.

Bratäpfel

*100 g ungeschwefelte Kurpflaumen ohne Stein ·
1–2 Eßl. Zwetschgenwasser · je 1 Messerspitze gemahlene Vanille und Zimt · 4 Äpfel (Schale ungespritzt) · 20 g Butter
Für die Form: Butter*

Einweichzeit: etwa 8 Stunden
Zubereitungszeit: 15 Minuten
Backzeit: etwa 40 Minuten

Die Trockenpflaumen in heißem Wasser einweichen; sie sollten eben bedeckt sein. Nach etwa 8 Stunden die gequollenen Früchte mit etwas Einweichwasser und dem Alkohol pürieren, dann mit der Vanille und dem Zimt abschmecken. Die Äpfel waschen, abtrocknen, das Kernhaus mit dem Kartoffelschäler oder Apfelausstecher herausstechen. Die Äpfel nebeneinander in eine gebutterte Form stellen, mit dem Pflaumenmus füllen und Butterflöckchen obenauf setzen. Die Form auf die mittlere Schiene in den kalten Backofen stellen und die Äpfel bei 175 °C 35–40 Minuten braten lassen.

Obstdesserts, kalt und heiß

Tip: Statt in einer Auflaufform können Sie die Bratäpfel einzeln in Alufolie verpacken und im Backofen etwa 40 Minuten bei 200 °C braten. Die Folie zuvor mit Butter dünn einpinseln.

Gebackene Bananen

125 g Mandeln · 4 Bananen · 1 Zitrone (Schale unbehandelt) · 2 Eßl. flüssiger Honig · 20 g Butter
Für die Form: Butter

Zubereitungszeit: 35 Minuten
Backzeit: 5–10 Minuten

Die Mandeln brühen, schälen und in Stifte schneiden. Den Grill oder den Backofen auf 230 °C vorheizen. Die Bananen schälen, der Länge nach halbieren und nebeneinander in eine gebutterte Auflaufform legen. Die Schale der halben Zitrone abreiben und den Saft der ganzen Zitrone auspressen. Die Bananen mit Zitronensaft beträufeln. Den Honig mit der abgeriebenen Zitronenschale verrühren und die Früchte damit bestreichen. Die Mandeln und die Butter in Flöckchen auf den Bananen verteilen. Die Form auf der oberen Schiene des Backofens oder unter dem Grill 5–10 Minuten überbacken.

Überbackene Grapefruits

4 rote Grapefruits · 2 Eßl. Haselnüsse · 2 Eßl. Honig

Zubereitungszeit: 20 Minuten

Den Grill oder den Backofen auf 240 °C vorheizen. Die Früchte halbieren, mit dem Messer den Schalenrand lösen und die Spalten teilen, so daß die Fruchtstücke beim Essen mit dem Löffel herausgelöst werden können. Die Haselnüsse grobhacken und mit dem Honig vermengen. Die Masse auf das Fruchtfleisch streichen. Die Grapefruits auf dem Rost im Backofen auf der obersten Schiene überbacken oder übergrillen. Sofort servieren.

Tip: Alufolie unter die Grapefruithälften legen; das erspart das Säubern des Backofens.

Feines aus Sauermilch

Joghurt, Dickmilch, Kefir und Quark sind Sauermilchprodukte. Sie enthalten die Nährstoffe der Milch, wenig Energie und sind leicht verdaulich.

Vanillequark

500 g Magerquark · 4 Eßl. Ahornsirup · ½ Teel. gemahlene Vanille · 3 Eigelbe · nach Belieben 1 Eßl. Rum · Sahne

Zubereitungszeit: 5 Minuten

Den Quark mit dem Sirup, der Vanille, den Eigelben, eventuell dem Rum und so viel Sahne verrühren, daß eine glatte Creme entsteht.

Pflaumencreme

100 g ungeschwefelte Kurpflaumen ohne Stein · 500 g Magerquark · 2–3 Eßl. flüssiger Honig · Sahne · abgeriebene Schale von ½ Zitrone (Schale unbehandelt) · ½ Teel. Zimt

Einweichzeit: über Nacht
Zubereitungszeit: 10 Minuten

Die Dörrpflaumen über Nacht, mit Wasser bedeckt, einweichen. Am nächsten Tag die Pflaumen mit dem Einweichwasser aufkochen und auskühlen lassen; dann abseihen. Den Quark mit dem Honig und so viel Sahne glattrühren, daß eine Creme entsteht. Die Zitronenschale und den Zimt unterrühren. Die Pflaumen unter die Creme ziehen und bis zum Servieren kühl stellen. Die Pflaumenbrühe getrennt dazu reichen.

Schlemmerfrühstück

Bild Seite 53

Dieses Müsli versorgt Sie am Morgen mit allen lebensnotwendigen Stoffen; es beschwingt, sättigt anhaltend und belastet nicht.

*Zutaten für 1 Person:
1 gehäufter Eßl. Getreidekörner, eine Sorte oder gemischt · 2 gehäufte Eßl. Magerquark · 1–2 Eßl. Sahne · 1 Teel.–1 Eßl. Ahornsirup · 1 Eßl. Haselnüsse · 1 Eßl. frisch gepreßter Zitronen- oder Orangensaft · ½ Apfel (Schale ungespritzt)*

Einweichzeit: über Nacht
Zubereitungszeit: 10 Minuten

Die Körner am Vorabend grob schroten und mit Wasser zu einem dickflüssigen Brei verrühren. Zugedeckt über Nacht stehenlassen.
Am anderen Morgen den Quark mit der Sahne cremig rühren und den Sirup zugeben. Die Nüsse vierteln und mit dem Getreidebrei unter die Quarkcreme rühren. Zuletzt den Fruchtsaft dazugießen. Den Apfel waschen, entkernen, in Scheiben schneiden und unterheben.

Dattelcreme

125 g Datteln · 300 g Magerquark · 2 Eßl. flüssiger Honig · 1 Zitrone oder Orange (Schale unbehandelt) · 200 ml Sahne

Zubereitungszeit: 15 Minuten

Die Datteln entsteinen und in feine Streifen schneiden. Den Quark mit dem Honig und so viel Zitronen- oder Orangensaft verrühren, daß eine

Feines aus Sauermilch

Creme entsteht. Die abgeriebene Schale einer halben Frucht zugeben. Nun die Sahne steif schlagen und vorsichtig unter den Quark heben. Die Datteln zum Schluß untermengen.

Quarkcreme mit Sanddorn

2 reife Bananen · 5 Eßl. ungesüßter Sanddornsaft · 250 g Magerquark · 2–3 Eßl. flüssiger Honig · Sahne

Zubereitungszeit: 10 Minuten

Die Bananen mit dem Sanddornsaft pürieren. Dann den Quark, den Honig und so viel Sahne unterrühren, daß eine Creme entsteht.

Erdbeertraum

Bild Seite 73

1 kg Erdbeeren · ½ Orange (Schale unbehandelt) · 4 Eßl. Orangenlikör · 250 g Magerquark · Milch · 1–2 Eßl. flüssiger Honig · ¼ Teel. gemahlene Vanille · 1 Prise geriebene Muskatnuß · ¼ l Sahne · 1 Eßl. Pistazienkerne

Zubereitungszeit: 50 Minuten

Die Erdbeeren waschen, trockentupfen und die Stiele abzupfen. 8 Früchte beiseite legen, die restlichen halbieren. Die halbe Orange abreiben und auspressen. Den Likör mit dem Orangensaft sowie der -schale verrühren und über die halbierten Erdbeeren träufeln. 30 Minuten zugedeckt in den Kühlschrank stellen.
Den Quark mit Milch cremig rühren. Den Honig und die Gewürze zugeben. Die Sahne steif schlagen und vorsichtig unter die Quarkcreme heben. In gekühlte Dessertgläser abwechselnd eine Schicht Sahnequark und eine Schicht Erdbeeren geben. Die letzte Schicht sollte Sahnequark sein. Mit je 1 ganzen Erdbeere und kleingehackten Pistazienkernen garnieren.

Errötendes Mädchen

½ l Buttermilch · 2 Eßl. flüssiger Honig · nach Belieben 2 Eßl. Arrak · 5 Blatt weiße Gelatine · 1 Blatt rote Gelatine
Zum Garnieren: ⅛ l Sahne · 1 Eßl. flüssiger Honig

Zubereitungszeit: 20 Minuten
Kühlzeit: etwa 1 Stunde

Die Buttermilch mit dem Honig und eventuell dem Arrak verrühren. Die weiße und rote Gelatine in wenig kaltem Wasser zusammen einweichen, dann erwärmen und auflösen. Nun 2 Eßlöffel Buttermilch zur Gelatine rühren, dann die Gelatine unter die restliche Buttermilch mischen. Die Mischung in vier Portionsgläser füllen und kalt stellen. Die Sahne steif schlagen, mit dem Honig süßen, in einen Spritzbeutel füllen und die Creme damit verzieren.

Selbstgemachter Joghurt

Selbst zubereiteter Joghurt ist nicht nur preiswerter, er schmeckt auch besser. Außerdem ist er gesünder, denn er enthält keine Bindemittel und Konservierungsstoffe. Und wenn Sie Joghurt mit Sanoghurt oder einem Joghurtferment zubereiten, so ist dieser im Vergleich zum han-

Feines aus Sauermilch

delsüblichen reich an rechtsdrehender Milchsäure. Sie ist die im gesunden Körper vorhandene Form der Milchsäure, wird vom Organismus vollkommen verwertet und unterstützt den Aufbau einer gesunden Darmflora.

1 l Vollmilch · 2 Eßl. Trockenmagermilchpulver · Joghurtferment oder 1 Becher Sanoghurt

Zubereitungszeit: etwa 20 Minuten
Ruhezeit bei 40 °C: 5–7 Stunden

Die Milch bis zum Kochen erhitzen (H-Milch muß nicht erhitzt werden), dann auf 40 °C abkühlen lassen. Das Milchpulver und das Joghurtferment oder das Sanoghurt in der Milch verrühren. Die Flüssigkeit in die Gläser des Joghurtzubereiters füllen oder in ein Gefäß, das anschließend auf einer Temperatur von annähernd 40 °C gehalten werden kann (eventuell im Wasserbad). Nach 5–7 Stunden ist der Joghurt fertig. Er sollte im Kühlschrank aufbewahrt werden, wo er schön fest wird. Bis zu 7 Tagen hält sich dieser selbstzubereitete Joghurt im Kühlschrank frisch.
3 Eßlöffel dieses Ansatzes können Sie als Starter für die nächste Joghurtzubereitung nehmen. Dies gelingt etwa 15 mal, dann müssen Sie frisches Ferment oder Sanoghurt verwenden.

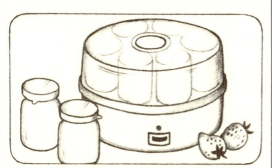
Joghurtbereiter, die es in Kaufhäusern und Fachgeschäften gibt, halten die Temperatur konstant.

Mit Joghurt lassen sich zahlreiche Süßspeisen herstellen:
mit Obst püriert als Trinkjoghurt,
mit kleingeschnittenen Früchten als Fruchtjoghurt,
mit gequollenen, kleingeschnittenen Kurpflaumen als darmfreundliche Zwischenmahlzeit,
mit Honig oder Ahornsirup, je 1 Prise gemahlener Vanille und gemahlenem Ingwer als Dessert,
mit ½ Teelöffel Pulverkaffee und Ahornsirup als Mokkajoghurt,
mit Hafer-, Hirse- und oder Weizenkeimflocken, Nüssen, Zitronensaft und Honig zum Frühstück,
mit Gewürzen und Obstsaft als Dressing für Obstsalate.

Apfelcreme

*1 Becher Joghurt (175 ml) · 2 Eßl. Sahne ·
1 Eßl. Ahornsirup · 1 Eßl. Mandelmus ·
1 Messerspitze gemahlene Vanille ·
1 Messerspitze Zimt · 4–5 Äpfel*

Zubereitungszeit: 20 Minuten

Das Joghurt mit der Sahne und dem Sirup verrühren. Das Mandelmus und die Gewürze zugeben. Die Äpfel schälen und auf der groben Scheibe der Rohkostreibe in die Joghurtsauce reiben. Alles gut vermengen. Sofort servieren.

Ambrosia-Creme

*1 Orange (Schale unbehandelt) · ½ l Joghurt ·
4 Eßl. flüssiger Honig · Saft von 1 Zitrone ·
nach Belieben 2 Eßl. Orangenlikör oder Rum ·
je 3 Blatt weiße und rote Gelatine
Zum Garnieren: Schlagsahne*

Feines aus Sauermilch

Zubereitungszeit: 15 Minuten
Kühlzeit: 1 Stunde

Von der halben Orange die Schale abreiben, die ganze Frucht auspressen. Das Joghurt mit dem Honig, dem Zitronen- und Orangensaft und der abgeriebenen Orangenschale verrühren, nach Belieben den Alkohol zugeben. Die Gelatine zerkleinern, in wenig Wasser einweichen, erwärmen und auflösen. 2 Eßlöffel Joghurt zur Gelatine geben und verrühren. Nun die Gelatine zum Joghurt rühren. Die Creme kalt stellen. Vor dem Servieren mit Sahnetupfern garnieren.

Creme nach Fürst Pückler Art

*4 gestrichene Eßl. Kokosflocken · 20 g Butter · 4 Becher Joghurt (je 175 ml) · 5 Teel. flüssiger Honig · 1 gehäufter Eßl. Caroben oder 1 gehäufter Teel. Kakao · 1 Messerspitze gemahlene Vanille · ½ Zitrone (Schale unbehandelt) ·
150 g Erdbeeren oder Himbeeren, eventuell tiefgefroren*

Zubereitungszeit: 25 Minuten

Die Kokosflocken in der Butter goldbraun rösten, dann abkühlen lassen. Den Inhalt von 1½ Bechern Joghurt mit 2 Teelöffeln Honig und dem Caroben oder Kakao verrühren, mit der Vanille abschmecken. Dann den Inhalt von weiteren 1½ Bechern Joghurt mit 2 Teelöffeln Honig und dem Saft sowie der abgeriebenen Schale der halben Zitrone verrühren. Die Erdbeeren oder Himbeeren waschen, verlesen und trockentupfen. 4 Beeren zum Dekorieren beiseite legen. Zuletzt den Inhalt des 4. Bechers Joghurt mit 1 Teelöffel Honig und den Beeren pürieren. Bei Verwendung von Himbeeren das Fruchtjoghurt durch ein Sieb streichen, damit die Kerne zurückbleiben. In vier hohe, schmale Gläser zuerst das »Schokoladen«-Joghurt füllen, die Oberfläche mit gerösteten Kokosflocken bestreuen, darauf das Zitronenjoghurt geben, wieder mit Kokosnuß bestreuen. Zuletzt das Fruchtjoghurt einfüllen. Mit den Beeren garnieren.

Joghurtmüsli

2 Eßl. Haselnüsse · 4 Becher Joghurt (je 175 ml) · 2 Eßl. flüssiger Honig · 2 Eßl. Zitronensaft oder ungesüßter Sanddornsaft · 2 gehäufte Eßl. Weizenkeime · 2 gehäufte Eßl. Hirseflocken · 2 Äpfel

Zubereitungszeit: 10 Minuten

Die Haselnüsse grobhacken, mit dem Joghurt, dem Honig, dem Fruchtsaft, den Weizenkeimen und den Hirseflocken verrühren. Die Äpfel in das Müsli raspeln (ungespritzte Äpfel mit der Schale) und alles vermengen.

Varianten: Über Nacht 4–6 ungeschwefelte Kurpflaumen ohne Kern einweichen. Die Pflaumen am Morgen pürieren oder kleinschneiden, mit Zimt und Vanille abschmecken und anstelle von Honig zum Müsli geben – ein besonders darmfreundliches Müsli. Oder ungeschwefelte Rosinen zum Süßen verwenden. Statt des Apfels schmecken alle frischen Früchte der Saison.

Fruchtjoghurt

1 Eßl. Haselnüsse · 6 vollreife Aprikosen · 2 Eßl. flüssiger Honig · 2 Becher Joghurt (je 175 ml) · 2 Äpfel · Saft von ½ Zitrone

Feines aus Sauermilch

Zubereitungszeit: 15 Minuten

Die Haselnüsse grobhacken. Die Aprikosen waschen, halbieren, entsteinen, dann mit 1 Eßlöffel Honig und 1 Becher Joghurt pürieren. Die Äpfel vierteln, schälen, Kernhaus, Stiel und Blüte entfernen. Das zweite Joghurt mit 1 Eßlöffel Honig cremig rühren. Die Äpfel in die Creme raspeln und mit Zitronensaft abschmecken. Schichtweise das Aprikosen- und das Apfeljoghurt in Gläser füllen. Mit den Nüssen bestreuen und bis zum Servieren kühl stellen.

Bananenmix

2 reife Bananen · 1 Eigelb · 1 Eßl. flüssiger Honig · 1 Messerspitze gemahlene Vanille · ½ l gekühlte Milch · nach Belieben Weinbrand

Zubereitungszeit: 5 Minuten
Kühlzeit: etwa 15 Minuten

Die Bananen schälen und in Stückchen schneiden, dann mit dem Eigelb, dem Honig, der Vanille und wenig Milch im Mixer pürieren. Die restliche Milch und eventuell den Weinbrand zufügen. Gut gekühlt servieren.

Erdbeermix

300 g Erdbeeren · 1 Stange junger Rhabarber · ½ l gekühlter Kefir · 1 Eßl. Zitronensaft · 2 Eßl. flüssiger Honig · nach Belieben Orangenlikör

Zubereitungszeit: 15 Minuten
Kühlzeit: etwa 15 Minuten

Die Erdbeeren waschen und, wenn nötig, entstielen. Den Rhabarber putzen und schälen, dann in Stückchen schneiden. Den Kefir mit den Erdbeeren und den Rhabarberstückchen im Mixer pürieren. Mit dem Zitronensaft, dem Honig und eventuell dem Likör abschmecken. Gut gekühlt servieren.

Orangenmix

1 Teel. Pistazienkerne · 4 Becher Joghurt (je 175 ml) · 2 Orangen (Schale unbehandelt) · 2 Eßl. Ahornsirup

Zubereitungszeit: 10 Minuten
Kühlzeit: etwa 30 Minuten

Die Pistazien kleinhacken. Den Joghurt mit der abgeriebenen Schale von ½ Orange und dem Saft von beiden Orangen verrühren. Die Pistazien und den Sirup untermischen, gut gekühlt servieren.

Karottenmix

4 Becher Joghurt (je 175 ml) · 1 Teel. flüssiger Honig · Saft von 1 Orange · 2–4 Karotten

Zubereitungszeit: 15 Minuten
Kühlzeit: etwa 30 Minuten

Den Joghurt mit dem Honig und dem Saft der Orange cremig rühren. Die Karotten waschen, schaben und fein in die Joghurtcreme reiben. Alles vermengen und gut gekühlt servieren.

Eisspezialitäten

Köstliches Eis aus natürlichen Zutaten überzeugt Familie und Freunde von der Vielfalt der Vollwertküche. Servieren Sie dazu knusprige Vollkornwaffeln.

Fruchteis

500 g Früchte (Erdbeeren, Himbeeren, Aprikosen oder Ananas) · entweder 1–2 Eßl. Zitronensaft oder je 1–2 Eßl. Orangenlikör für Erdbeereis, Himbeergeist für Himbeereis, Marillenlikör für Aprikoseneis, Rum für Ananaseis · 2–4 Eßl. Honig · ¼ l Sahne

Zubereitungszeit: 30 Minuten
Gefrierzeit: 3–4 Stunden

Die Beeren waschen, trockentupfen oder schälen und entkernen, dann zerkleinern. Die Früchte mit dem Zitronensaft oder dem Alkohol beträufeln, dann im Mixer pürieren. Die Himbeeren durch ein Sieb rühren. Den Fruchtbrei mit dem Honig vermengen; die Honigmenge richtet sich nach der Süße der Früchte. Die Sahne steif schlagen und vorsichtig unter den Fruchtbrei heben. Das Fruchteis in einer flachen Schale etwa 1 Stunde gefrieren lassen. Das Halbgefrorene in eine Rührschüssel geben und nochmals durchrühren. Das Fruchteis wieder in die flache Schale füllen und noch 2–3 Stunden gefrieren lassen.

Orangeneis

20 g Pistazienkerne · 4 Eigelbe · 4 Eßl. flüssiger Honig · ¼ l Orangen- oder Blutorangensaft (entspricht 4–5 Orangen) · ½ l Sahne · ¼ Teel. gemahlene Vanille

Zubereitungszeit: 15 Minuten
Gefrierzeit: 4 Stunden

Die Pistazienkerne feinhacken. Die Eigelbe und den Honig mit den Quirlen des Handrührgerätes schaumig rühren, dann den Orangensaft zugeben. Die Sahne mit der Vanille steif schlagen, vorsichtig unter die Eicreme ziehen, dann die Pistazien unterheben. Die Mischung in eine flache Schale füllen und in das Gefriergerät stellen. Nach etwa 1 Stunde das Halbgefrorene in einer Rührschüssel durchrühren. Dann wieder in der flachen Schale ins Gefriergerät geben und noch etwa 2–3 Stunden gefrieren lassen.

Vanille-Sahne-Eis

¼ l Sahne · 100 g flüssiger Akazien- oder Blütenhonig · 2 Eigelbe · ½ Teel. gemahlene Vanille

Zubereitungszeit: 20 Minuten
Gefrierzeit: 3 Stunden

Die Sahne steif schlagen. Den Honig, die Eigelbe und die Vanille vorsichtig unter die Sahne ziehen. Die Masse in eine flache Schale füllen und in das Gefriergerät stellen. Nach 1 Stunde etwa, wenn die Masse fest zu werden beginnt, mit dem Schneebesen in einer Schüssel nochmals aufschlagen, dann wieder in die Schale füllen und noch etwa 2 Stunden gefrieren lassen.

Eis nach Cassata-Art

30 g ungeschwefelte getrocknete Aprikosen · 25 g ungeschwefelte Rosinen · ½ Tasse Rum · 25 g Zitronat · 25 g Orangeat · 300 ml Sahne ·

Eisspezialitäten

¼ Teel. gemahlene Vanille · 2 Messerspitzen Zimt · abgeriebene Schale von ½ Orange (Schale unbehandelt) · 100 g flüssiger Akazien- oder Blütenhonig · 1 Eigelb

Zubereitungszeit: 30 Minuten
Kühlzeit: 3–4 Stunden

Die Aprikosen kleinwürfeln. Die Würfel mit den Rosinen im Rum erwärmen und quellen lassen; dann abgießen und abtropfen lassen. Das Zitronat und das Orangeat ebenfalls kleinwürfeln. Die Sahne steif schlagen, mit der Vanille, dem Zimt und der Orangenschale würzen, den Honig und das Eigelb vorsichtig untermischen. Dann alle Früchte unterheben. Die Masse in eine flache Schale füllen und 1 Stunde ins Gefriergerät stellen. Dann die Eismasse in eine Schüssel geben, mit dem Schneebesen durchschlagen, wieder in die flache Schale füllen und noch 2–3 Stunden gefrieren lassen.

Mandeleis

50 g Mandeln · 125 g Ahornsirup · ⅛ l Milch · 2 Eigelbe · ¼ l Sahne

Zubereitungszeit: 30 Minuten
Gefrierzeit: 3 Stunden

Die Mandeln brühen, schälen, auf Küchenpapier trocknen lassen, dann feinreiben. Den Sirup mit der Milch erhitzen, aber nicht kochen. Mit den Quirlen des Handrührgeräts die Eigelbe verrühren, die heiße Sirupmilch zugeben und cremig rühren. Zuletzt die Mandeln untermischen. Die Masse abkühlen lassen. Die Sahne steif schlagen, unter die Mandelcreme ziehen und in eine flache Schale füllen. Etwa 1 Stunde gefrieren lassen. Dann das Halbgefrorene in eine Rührschüssel geben, nochmals durchrühren, wieder in die flache Schale füllen und noch etwa 2 Stunden gefrieren lassen.

Zimteis

Bild 4, Umschlagseite

Ein vorzügliches Dessert – nicht nur an den Weihnachtsfeiertagen!

¼ l Sahne · 3 Eigelbe · 2½ Eßl. Ahornsirup · 4 gestrichene Teel. Zimt

Zubereitungszeit: 10 Minuten
Gefrierzeit: 3 Stunden

Verwenden Sie für die Eisbereitung die Quirle des elektrischen Handrührgeräts. Die Sahne steif schlagen. Die Eigelbe mit dem Sirup und dem Zimt cremig rühren und die Sahne vorsichtig darunterziehen. Die Creme in eine flache Schale füllen und in das Gefriergerät stellen. Nach 1 Stunde das halbgefrorene Eis in einer Schüssel nochmals durchrühren. Dann wieder in die flache Schale füllen und weitere 2 Stunden gefrieren lassen.

Süße Saucen

Süße Saucen sind das Tüpfelchen auf dem »i«. Sie geben ungesüßten Getreidegerichten wie Pfannkuchen und Blinis erst die besondere Note.

Kalte Vanillesauce

½ l Milch · 1 Vanilleschote · 1 Prise Salz · 2 Eßl. Honig · 4 Blatt farblose Gelatine oder ½ Teel. Agar-Agar · nach Belieben 1 Eigelb

Zubereitungszeit: 20 Minuten
Kühlzeit: 1 Stunde und 30 Minuten

Einen Topf mit kaltem Wasser ausspülen. Die Milch mit der aufgeschlitzten Vanilleschote und dem Salz darin erhitzen, nicht kochen, und 10 Minuten zugedeckt stehen lassen. Dann die Vanilleschote entfernen und die Milch mit dem Honig süßen. Die Gelatine zerkleinern, in kaltem Wasser einweichen, erwärmen und auflösen. Oder das Agar-Agar in wenig Wasser klümpchenfrei anrühren. Das Geliermittel zur heißen Milch rühren, dann völlig abkühlen lassen. Vor dem Servieren die Sauce mit dem Schneebesen locker aufschlagen.

Variante: Wer eine gelbe Vanillesauce wünscht, sollte nach der Zugabe des Geliermittels 1 Eigelb unterrühren.

Heiße Vanillesauce

1 Vanilleschote · ¼ l Milch · 1–2 Eßl. Ahornsirup · 1 Prise Salz · 3 Eigelbe

Zubereitungszeit: 10 Minuten

Die Vanilleschote aufschlitzen und das Mark herauskratzen. Das Vanillemark mit der Milch, dem Sirup und dem Salz in einem kalt ausgespülten Topf zum Kochen bringen. Den Topf von der Herdplatte nehmen. Die Eigelbe mit 3 Eßlöffeln heißer Vanillemilch verrühren, dann zur Milch geben. Die Flüssigkeit mit den Quirlen des Handrührgerätes so lange rühren, bis die Sauce leicht cremig ist, dann sofort servieren.

Erdbeersauce

250 g Erdbeeren · 75 g flüssiger Honig · 1 Teel. Zitronensaft

Zubereitungszeit: 10 Minuten

Die Beeren waschen und putzen. Mit dem Honig und dem Zitronensaft im Mixer pürieren.

Himbeersauce

250 g Himbeeren · 75 g flüssiger Honig · 1 Teel. Zitronensaft

Zubereitungszeit: 10 Minuten

Die Beeren, wenn nötig, waschen und putzen. Mit dem Honig und dem Zitronensaft im Mixer pürieren und – wegen der Kerne – noch durch ein Sieb streichen.

Heidelbeersauce

Das Gefriergerät macht's möglich, daß es diese Sauce das ganze Jahr über geben kann.

Süße Saucen

250 g frische oder 1 Paket ungezuckerte tiefgefrorene Heidelbeeren (300 g) · knapp ⅛ l Wasser · Saft von ½ Zitrone · 1 Messerspitze gemahlene Vanille · ½ Teel. Zimt · 1–2 Eßl. Honig

Zubereitungszeit: 20 Minuten

Die Heidelbeeren waschen oder auftauen lassen. Die Beeren mit dem Wasser so lange bei milder Hitze kochen, bis sie zerfallen, dann abkühlen lassen. Das Fruchtmus mit dem Saft der Zitrone, der Vanille, dem Zimt und dem Honig im Mixer pürieren.

Schokoladensauce

200 g Blockschokolade · 3–4 Eßl. Honig · 1 Eßl. Rum · ¼ l Sahne

Zubereitungszeit: 20 Minuten

Die Schokolade grob zerkleinern und in einen weiten Topf geben. Diesen Topf in ein kochendes Wasserbad stellen und die Schokolade schmelzen lassen. Dann den Honig und den Rum unter die flüssige Schokolade rühren. Zuletzt die ungeschlagene Sahne zugeben und die Schokoladensauce heiß servieren.

Die sanfteste Garmethode: das Wasserbad.

Weinschaum

2 Eier · 1 Eigelb · 1 Eßl. Zitronensaft · 2–3 Eßl. Ahornsirup · ⅛ l trockener Weißwein

Zubereitungszeit: 15 Minuten

Die Eier, das Eigelb, den Zitronensaft, den Ahornsirup und den Weißwein in einen hohen Rührbecher geben und diesen in ein heißes Wasserbad stellen. Mit den Quirlen des elektrischen Handrührgerätes so lange rühren, bis eine dickflüssige Creme entsteht. Die Weincreme in vier hohe Gläser füllen und sofort servieren.

Varianten: Statt Weißwein kann man trockenen Sherry oder weißen Portwein verwenden. Oder Sie bereiten den Weinschaum mit rotem Portwein zu, dann erübrigt sich die Zugabe von Ahornsirup.

Köstliches Konfekt

Die Leckereien, die Sie nach den folgenden Rezepten zaubern, eignen sich ganz vorzüglich als Mitbringsel für Klein und Groß.

Leckerli

75 g Haselnüsse · 150 g feine Vollkornhaferflocken · 200 g Sesam · 1 gehäufter Teel. Zimt · 1 gehäufter Teel. Caroben · 1 Eßl. Rum · 150 g fester Honig

Zubereitungszeit: 30 Minuten
Trockenzeit: 2 Tage

Die Nüsse feinreiben, dann mit den Haferflocken und den Sesamsamen in einer trockenen Pfanne unter ständigem Wenden goldgelb rösten; abkühlen lassen. Mit einer Gabel die gerösteten Zutaten mit dem Zimt, dem Caroben, dem Rum und dem Honig vermengen. Aus der Masse Kugeln formen und auf einem Brett 2 Tage an der Luft trocknen lassen. In Pralinennäpfchen aus Papier aufbewahren.

Tip: Die Pralinennäpfchen aus Papier gibt es fertig zu kaufen. Sie können sich auch selbst kleine Schälchen herstellen, indem Sie passend zugeschnittene Alufolie über einen Flaschenhals drücken.

Marzipan

200 g Mandeln · 200 g fester Honig · abgeriebene Schale von knapp ½ Zitrone (Schale unbehandelt) · 2 Eßl. Rosenwasser (aus der Apotheke)

Zubereitungszeit: 20 Minuten
Kühlzeit: 12 Stunden

Die Mandeln brühen, schälen und auf Küchenpapier trocknen lassen. Die trockenen Mandeln in der Mandelmühle feinmahlen. Mit dem Honig, der Zitronenschale und dem Rosenwasser vermengen, bis die Masse glatt und geschmeidig ist. Das Marzipan in Alufolie wickeln und 12 Stunden in den Kühlschrank legen.

Gefüllte Pflaumen

150 g Marzipan (Rezept nebenstehend) · 200 g ungeschwefelte Kurpflaumen ohne Stein

Zubereitungszeit: 10 Minuten

Das Marzipan in 12 gleich große Stücke teilen, Kugeln daraus formen und diese etwas abflachen. Jeweils 1 Marzipanstück auf eine Pflaume legen und mit einer 2. Pflaume abdecken.

Gefüllte Aprikosen

1 Eßl. Pistazienkerne · 200 g Marzipan (Rezept nebenstehend) · 200 g ungeschwefelte getrocknete Aprikosen

Zubereitungszeit: 10 Minuten

Die Pistazienkerne kleinhacken. Das Marzipan in 12 gleich große Stücke teilen. Kugeln daraus formen und diese etwas abflachen. Auf je 1 Aprikose ein Stück Marzipan legen, mit Pistazien bestreuen und mit einer 2. Aprikose abdecken.

Köstliches Konfekt

Nugat

200 g Haselnüsse · 2 gehäufte Eßl. Kakao oder Caroben · 4 Eßl. fester Honig (bei Verwendung von Kakao) oder 2 Eßl. fester Honig (bei Verwendung von Caroben) · 50 g Butter

Zubereitungszeit: 30 Minuten
Kühlzeit: 12 Stunden

Die Nüsse feinreiben und in einer trockenen beschichteten Pfanne bei Mittelhitze unter ständigem Wenden rösten, bis sie braun sind; dann abkühlen lassen. Die Nüsse mit dem Kakao oder Caroben, dem Honig und der weichen Butter vermengen. Das Nugat, in Alufolie gewickelt, 12 Stunden in den Kühlschrank legen.

Fruchtkonfekt

200 g ungeschwefelte getrocknete Aprikosen · 200 g Walnußkerne · fester Honig · Kokosflocken

Einweichzeit: über Nacht
Zubereitungszeit: 20 Minuten

Die Aprikosen über Nacht in so viel Wasser einweichen, daß sie eben bedeckt sind. Am nächsten Tag das Wasser abgießen und die Früchte durch die feine Scheibe des Fleischwolfs drehen. Die Walnüsse feinreiben. Nun die Früchte und die Nüsse mit so viel Honig vermengen, daß eine knetbare Masse entsteht. Kleine Kugeln formen, in Kokosflocken wälzen und in Pralinennäpfchen aus Papier aufbewahren.

Dattelkonfekt

150 g Mandeln · 300 g Datteln · 2 Eßl. flüssiger Honig · abgeriebene Schale von ½ Orange (Schale unbehandelt) · 1 Eßl. Rum · etwa 2 Eßl. Kakao oder Caroben

Zubereitungszeit: 30 Minuten

Die Mandeln mit kochendem Wasser überbrühen, schälen und auf Küchenpapier trocknen lassen. Die Datteln entkernen. Die Mandeln feinreiben und mit dem Honig, der Orangenschale und dem Rum verkneten. Die Masse anstelle des Kerns in die Datteln füllen und das Fruchtfleisch zusammendrücken. Die gefüllten Früchte in dem Kakao oder Caroben wälzen und in Pralinennäpfchen aus Papier aufbewahren.

Tip: Bei meinen Rezepten empfehle ich häufig Kakao oder Caroben (aus dem Reformhaus), da Erwachsene meistens den herben Geschmack von Kakao vorziehen, Kinder aber lieber Caroben mögen.

Sesamkonfekt

250 g Sesam · 75 g Butter · 2–3 Eßl. flüssiger Honig · ¼ Teel. gemahlene Vanille · ½ Teel. Zimt · 1 Messerspitze gemahlene Nelken

Zubereitungszeit: 30 Minuten

Die Sesamsamen in einer trockenen beschichteten Pfanne bei Mittelhitze unter ständigem Wenden hellbraun rösten. Dann 175 g abgekühlten Sesamsamen in einer Mühle feinmahlen. Das Sesammehl mit der weichen Butter, dem Honig und den Gewürzen vermengen und Kugeln daraus formen. Eventuell die Masse vor dem Formen

Köstliches Konfekt

kühl stellen. Das Konfekt in den restlichen Sesamkörnern wälzen und in Pralinennäpfchen aus Papier aufbewahren.

Rosinen-Rum-Kugeln

300 g Zartbitter- oder Mokkaschokolade · 100 g Butter · 2 Eßl. Rum · 2 gehäufte Eßl. ungeschwefelte Rosinen · Kakao oder Kokosflocken

Zubereitungszeit: 45 Minuten

Die Schokolade reiben. Die Butter schaumig rühren, dann die geriebene Schokolade zugeben. Den Rum über die Rosinen gießen und kurz weichen lassen; dann abgießen. Die Rumrosinen zur weichen Schokoladenmasse geben, mischen und kühl stellen. Aus der Masse Kugeln formen. Die Rumkugeln in Kakao oder Kokosflocken wälzen und in Pralinennäpfchen aus Papier kühl aufbewahren.

Lutscher

100 g Haselnüsse · 40 g Butter · 100 g Honig. 10 Zahnstocher oder Schaschlikspießchen

Zubereitungszeit: 30 Minuten

Die Nüsse in einem Reibgerät mit Scheibeneinsatz blättrig reiben, dann in einer trockenen Pfanne unter ständigem Rühren leicht anrösten. Die Butter zugeben, schmelzen lassen. Den Honig einrühren und alles einige Minuten köcheln lassen. Die Masse auf einen flachen Teller streichen und nach dem Abkühlen Kugeln daraus formen; die Menge ergibt etwa 10 Stück. In jede

Kugel ein Holzspießchen (Zahnstocher oder Schaschlikspießchen) stecken. Aus Alufolie Quadrate schneiden, die Kugeln einwickeln und die Folienecken um den Stiel drehen.

Kuchen, die jeder mag

Wenn Sie zum ersten Mal »Vollwert«-Kuchen oder -Gebäck backen, werden Sie festellen, daß sie weniger süß schmecken, als Sie dies bisher gewöhnt waren. Die Geschmacksnerven müssen sich erst allmählich an weniger Süßes gewöhnen. Sie können aber auch anfänglich etwas mehr Honig oder Sirup verwenden und die Menge nach und nach reduzieren.

Napfkuchen

100 g ungeschwefelte Rosinen · 3 Eßl. Rum · 4 Eier · 1 Prise Salz · 200 g weiche Butter · 150 g flüssiger Honig · 200 g Magerquark · 2 gehäufte Teel. Backpulver · 275 g Weizen, fein gemahlen
Für die Form: Butter · Vollkornbrösel

Zubereitungszeit: 15 Minuten
Backzeit: 1 Stunde

Die Rosinen im erwärmten Rum quellen lassen. Die Eier trennen. Die Eiweiße mit dem Salz steif schlagen. Die Butter und den Honig mit den Quirlen des Handrührgerätes verrühren. Den Quark und die Eigelbe zugeben. Dann das mit dem Backpulver vermischte Mehl unterrühren. Zuletzt die Rumrosinen und den Eischnee unter den Teig heben. Eine Napfkuchenform ausbuttern und ausbröseln. Den Teig einfüllen, in den kalten Backofen auf die Mittelschiene stellen und bei 200 °C 60 Minuten backen lassen.

Rumrosinen
500 ungeschwefelte Rosinen mit 0,7 l braunem Rum vermengen, in einem großen Glas aufbewahren. Wenn die Rosinen dick aufgequollen sind, den überschüssigen Rum abgießen und anderweitig verwenden. Sie eignen sich zum Backen, zu Kompott und Eis.

Früchtekuchen

150 g ungeschwefelte Rosinen · 1 Tasse Rum · 200 g Mandeln · 150 g ungeschwefelte Kurpflaumen ohne Stein · 150 g Zitronat · 150 g Orangeat · 200 g weiche Butter · 175 g flüssiger Honig · 5 Eier · 150 g Hirseflocken · 75 g Weizen, fein gemahlen · 2 gehäufte Teel. Backpulver
Für die Form: Butter · Vollkornbrösel

Zubereitungszeit: 30 Minuten
Backzeit: 1 Stunde und 20 Minuten
Ruhezeit: 3 Tage

Die Rosinen im erwärmten Rum quellen lassen. Die Mandeln grobreiben. Die Pflaumen kleinschneiden. Das Zitronat und das Orangeat kleinwürfeln. Den Backofen auf 190 °C vorheizen. Die Butter mit dem Honig verrühren, dann die ganzen Eier zugeben. Die Hirseflocken mit dem Mehl und dem Backpulver unter die Schaummasse rühren. Zuletzt die Mandeln und die Trockenfrüchte unterheben. Eine Kastenform ausbuttern und ausbröseln. Den Teig einfüllen. Den Früchtekuchen auf die mittlere Schiene des Backofens stellen und etwa 80 Minuten backen; nach der halben Backzeit mit Alufolie abdecken. Den Kuchen auskühlen lassen, in Alufolie wickeln; frühestens nach 3 Tagen anschneiden.

Zitronat und Orangeat
Zitronat und Orangeat kann man selbst herstellen; diese Backzutaten sind dann garantiert ungeschwefelt und frei von Konservierungsstoffen und Zucker. Zitrusfrüchte mit unbehandelter Schale gründlich heiß abwaschen und mit Küchenkrepp abtrocknen. Dann die Schale entweder dünn abschälen und in Würfelchen schneiden oder mit einer Rohkostreibe dünn abreiben. Die so zerkleinerte Schale mit Honig vermengen und in Gläsern im Kühlschrank aufbewahren.

Der Erdbeertraum ist ein besonders erfrischender Genuß, vor allem, wenn Sie kleine aromatische Früchte dazu verwenden können. Rezept Seite 58.

Feiner Tee-Kuchen

125 g ungeschwefelte Rosinen · 4 Eßl. Rum · 100 g Mandeln · 100 g Zitronat · 200 g weiche Butter · 4 Eier · 200 g flüssiger Honig · 300 g Dinkel, fein gemahlen · 2 gehäufte Teel. Backpulver · 1 Teel. Zimt · 1 Teel. gemahlener Ingwer · abgeriebene Schale von ½ Zitrone und ½ Orange (Schale unbehandelt)
Für die Form: Butter · Vollkornbrösel

Zubereitungszeit: 35 Minuten
Backzeit: 1 Stunde und 20 Minuten
Ruhezeit: 3 Tage

Die Rosinen im erwärmten Rum quellen lassen. Die Mandeln brühen, schälen, dann grobhacken. Das Zitronat kleinwürfeln. Den Backofen auf 190 °C vorheizen. Die Butter mit den ganzen Eiern und dem Honig verrühren, dann das Mehl mit dem Backpulver, den Gewürzen und der abgeriebenen Schale der Zitrusfrüchte zugeben. Zuletzt die Mandeln und das Zitronat unterheben. Eine Kastenform ausbuttern, ausbröseln und den Teig einfüllen. Den Kuchen auf die mittlere Schiene des vorgeheizten Backofens stellen; Backzeit insgesamt 80 Minuten. Nach der halben Backzeit die Oberfläche mit Alufolie abdecken. Den abgekühlten Tee-Kuchen in Alufolie wickeln und frühestens nach 3 Tagen anschneiden.

Tip: Bei vielen Backrezepten wird das Gebäck in den kalten Backofen geschoben, das erspart bis zu 20% Energiekosten. Für einige Gerichte muß jedoch der Backofen vorgeheizt werden, weil sonst die geformten Teigstücke auseinanderlaufen oder, zum Beispiel beim Tee-Kuchen und beim Früchtekuchen, die Früchte auf den Boden der Form sinken.

Leckerbissen des Sultans

4 Eier · 125 g flüssiger Honig · ½ Zitrone (Schale unbehandelt) · 125 g Weizen, fein gemahlen · 1 gehäufter Teel. Backpulver · 125 g ungeschwefelte schwarzviolette Sultaninen · 125 g ungeschwefelte helle Sultaninen · 125 g Mandeln · 125 g Feigen · 125 g Zitronat
Für die Form: Butter · Vollkornbrösel

Zubereitungszeit: 30 Minuten
Backzeit: etwa 1 Stunde

Die ganzen Eier mit dem Honig schaumig rühren. Die Zitrone abreiben und auspressen. Das Mehl mit dem Backpulver und den Saft der Zitrone unter die Eimasse rühren. Den Teig ruhen lassen. Den Backofen auf 190 °C vorheizen. In der Zwischenzeit die Sultaninen heiß brühen, die Mandeln feinreiben, die Feigen und das Zitronat kleinwürfelig schneiden. Die Sultaninen abgießen und abtropfen lassen. Nun die Mandeln und die Früchte mit der Zitronenschale zum Teig rühren. Eine Kastenform ausbuttern und ausbröseln. Den Teig einfüllen und auf die Mittelschiene des vorgeheizten Backofens stellen. Den Kuchen etwa 60 Minuten backen lassen. Nach der halben Backzeit die Kuchenoberfläche mit Alufolie abdecken.

Wiener Nußkuchen

125 g Haselnüsse · 200 g weiche Butter · 150 g flüssiger Honig · 3 Eier · 200 g Weizen, fein gemahlen · 1 gehäufter Teel. Backpulver · 1 gehäufter Eßl. Caroben
Für die Form: Butter · Vollkornbrösel

Zubereitungszeit: 25 Minuten
Backzeit: 65 Minuten

◁ Die Herstellung des Käsekuchens mit Ölteig Schritt für Schritt. Mit Mürbeteig läßt er sich ebenso einfach zubereiten. Rezepte Seite 79–81.

Die ganzen Nüsse in einer Pfanne rösten, bis sich die Haut ablöst. Die gerösteten Nüsse abkühlen lassen und ohne Schalen feinmahlen. Die Butter mit dem Honig schaumig rühren, dann die ganzen Eier, das Mehl mit dem Backpulver und das Caroben zugeben. Zuletzt die Nüsse unterziehen und gründlich verrühren. Eine Kastenform ausbuttern und ausbröseln. Den Teig einfüllen und die Form auf die Mittelschiene des kalten Backofens stellen. Den Nußkuchen bei 190 °C etwa 65 Minuten backen lassen. Nach der halben Backzeit mit Alufolie abdecken.

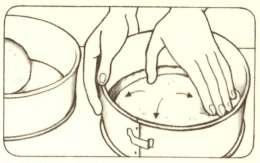

Den Mürbteig mit leicht bemehlten Fingern in die Form drücken; das geht rascher als das Ausrollen.

Rhabarberkuchen mit Honigbaiser 🍯

125 g Butter · 125 g flüssiger Honig · 1 Ei · 2 Eigelbe · 200 Weizen, fein gemahlen · 1 gehäufter Teel. Backpulver · ½ Teel. Zimt · 1 Messerspitze gemahlene Nelken · abgeriebene Schale von ½ Zitrone (Schale unbehandelt) · 1 kg Rhabarber
Für die Form: Butter · Vollkornmehl
Für das Baiser: 2 Eßl. Mandeln · 2 Eiweiße · 1 Prise Salz · 1 Teel. Zitronensaft · 1 Eßl. Honig

Zubereitungszeit: 40 Minuten
Backzeit: 50 Minuten

Die Butter mit dem Honig verrühren, dann das Ei, die Eigelbe, das Mehl mit dem Backpulver, die Gewürze und die abgeriebene Zitronenschale zugeben. Den Teig einige Minuten rühren, dann 30 Minuten ruhen lassen. Den Backofen auf 190 °C vorheizen. Den Teig in eine gefettete, bemehlte Springform geben und einen Rand bilden. Den Kuchenboden auf der mittleren Schiene 10 Minuten vorbacken. Den Rhabarber schälen, putzen und in 3 cm lange Stücke schneiden. Die Rhabarberstücke auf dem vorgebackenen Kuchen verteilen und nochmals 30 Minuten backen lassen. Die Mandeln brühen, schälen, trocknen und feinmahlen. Die Eiweiße mit dem Salz steif schlagen, den Zitronensaft zugeben, den Honig vorsichtig untermengen und die Mandeln unterziehen. Das Baiser auf den Kuchen streichen und noch 10 Minuten auf der obersten Schiene backen, bis das Baiser goldgelb ist.

Orangenkuchen 🍯

250 g weiche Butter · 150 g flüssiger Honig · 4 Eier · ¼ Teel. gemahlene Vanille · 1 Orange (Schale unbehandelt) · 300 g Weizen, fein gemahlen · 2 gestrichene Teel. Backpulver
Für die Form: Butter · Vollkornbrösel
Zum Beträufeln: 2 Orangen · Honig

Zubereitungszeit: 15 Minuten
Backzeit: 40 Minuten
Ruhezeit: 24 Stunden

Die Butter schaumig rühren, den Honig und die ganzen Eier zugeben. Die Vanille, die abgeriebene Schale der ganzen Orange und zuletzt das

Kuchen, die jeder mag

Mehl und das Backpulver zufügen. Den Backofen auf 190 °C vorheizen. Eine Springform ausbuttern, ausbröseln und den Teig einfüllen. Den Kuchen auf der mittleren Schiene etwa 40 Minuten backen lassen. Alle 3 Orangen auspressen. Den Saft mit so viel Honig verrühren, daß der Fruchtsaft leicht süß schmeckt. Den noch warmen Kuchen mit einer Gabel auf der Oberfläche mehrmals einstechen, mit dem Saft beträufeln, dann auskühlen lassen. Den Kuchen in Alufolie wickeln; frühestens nach 24 Stunden anschneiden.

Schokoladenkuchen mit Sauerkirschen

500 g Sauerkirschen · 5 Eier · 125 g weiche Butter · 200 g flüssiger Honig · 2 gestrichene Eßl. Kakao · 1 Messerspitze gemahlene Vanille · 175 g Weizen, fein gemahlen · 1 gehäufter Teel. Backpulver
Für die Form: Butter · Vollkornbrösel

Zubereitungszeit: 20 Minuten
Backzeit: etwa 40 Minuten

Die Kirschen waschen und auf Küchenpapier trocknen lassen. Die Eier trennen. Die Butter schaumig rühren, mit den Eigelben, dem Honig, dem Kakao und der Vanille verrühren. Zuletzt das Mehl und das Backpulver zugeben. Nun den Backofen auf 170 °C vorheizen. Die Eiweiße steif schlagen. Den Eischnee unter den Teig ziehen. Eine Springform ausbuttern, ausbröseln und den Teig einfüllen. Die Kirschen gleichmäßig auf der Teigoberfläche verteilen. Den Kuchen auf die mittlere Schiene des vorgeheizten Backofens stellen und etwa 40 Minuten backen lassen.

Das paßt dazu: Schlagsahne.

Gewürzkuchen

175 g weiche Butter oder Pflanzenmargarine · 3 Eier · 250 g Zuckerrübensirup · 300 g Weizen, fein gemahlen · 2 gehäufte Teel. Backpulver · 2 gehäufte Teel. Lebkuchengewürz · 3 Eßl. Rum
Für die Form: Butter · Vollkornbrösel

Zubereitungszeit: 15 Minuten
Backzeit: etwa 1 Stunde

Die Butter mit den ganzen Eiern und dem Sirup mit den Quirlen des Handrührgerätes verrühren. Dann das Mehl mit dem Backpulver und dem Gewürz, zuletzt den Rum zugeben. Eine Kastenform mit flüssiger Butter ausstreichen, ausbröseln und den Teig einfüllen. Die Form auf die mittlere Schiene des kalten Backofens stellen und den Kuchen bei 175 °C etwa 60 Minuten backen lassen. Eventuell nach der halben Backzeit mit Alufolie abdecken.

Hefeteig

Grundrezept

Die Teigmenge reicht für ein Backblech, für eine Springform brauchen Sie etwa die Hälfte.

500 g Weizen, fein gemahlen · 1 Würfel Hefe · 200–220 ml Milch · 1 Ei · 1 Prise Salz · 1 Eßl. Honig · 1 Messerspitze gemahlene Vanille oder abgeriebene Schale von ½ Zitrone (Schale unbehandelt) · 50 g weiche Butter

Zubereitungszeit: 20 Minuten
Ruhezeit: 1 Stunde

Alle Zutaten müssen zimmerwarm sein. Das Mehl in eine große Schüssel geben, in die Mitte

Kuchen, die jeder mag

eine Mulde eindrücken. Die Hefe zerbröckeln und mit etwas lauwarmer Milch verrühren, bis sie aufgelöst ist. Diesen Vorteig in die Mulde gießen und mit wenig Mehl bestäuben. Die Schüssel, mit einem Küchentuch zugedeckt, an einem warmen, zugfreien Platz gehen lassen, bis der Vorteig Bläschen bildet. Nun die restliche Milch, das Ei, das Salz, den Honig, die Vanille oder die abgeriebene Zitronenschale und die Butter unter Rühren zugeben. Jetzt den Teig mit einem Holzlöffel kräftig abschlagen oder mit dem Knethaken der Küchenmaschine kneten. Der Teig muß schwer reißend vom Löffel oder Haken fallen, soll aber etwas feuchter gehalten werden, als Hefeteig aus Weizenmehl Type 405. Den Teig zudecken und gehen lassen, bis sich das Volumen in etwa verdoppelt hat. Dann je nach Rezept weiterverarbeiten.

hacken. Die Rosinen, das Zitronat und die Nüsse unter den Teig kneten. Den Backofen auf 190 °C vorheizen. Den Teig in 3 gleich große Stücke teilen, Rollen formen und daraus einen Zopf flechten. Den Zopf auf ein mit Backpapier belegtes Blech geben, nochmals zugedeckt kurz gehen lassen, dann auf der mittleren Schiene 45–50 Minuten backen lassen. Noch heiß mit der flüssigen Butter bestreichen und mit den Nuß- oder Mandelblättchen bestreuen.

Variante: Nach diesem Rezept läßt sich auch ein Osterbrot zubereiten. Nach dem Gehenlassen den Teig mit den Händen durchkneten, einen runden Laib formen und die Oberfläche rautenförmig einschneiden. Das Brot nochmals kurz gehen lassen. Mit verquirltem Eigelb bestreichen und bei 190 °C etwa 1 Stunde backen lassen.

Frühstückszopf

500 g Weizen, fein gemahlen · 1 Würfel Hefe · 200–220 ml Milch · 1 Ei · 1 Prise Salz · 1 Eßl. Honig · 1 Messerspitze gemahlene Vanille oder abgeriebene Schale von ½ Zitrone (Schale unbehandelt) · 50 g weiche Butter · 75 g ungeschwefelte Rosinen · 75 g Zitronat · 75 g Haselnüsse oder geschälte Mandeln Zum Bestreichen und Bestreuen: 15 g Butter · 25 g blättrig geschnittene Haselnüsse oder Mandeln

Zubereitungszeit: 25 Minuten
Ruhezeit: 1 Stunde
Backzeit: 50 Minuten

Den Hefeteig nach dem Grundrezept auf Seite 72 zubereiten und gehen lassen. Während der Ruhezeit die Rosinen in etwas Mehl wälzen. Das Zitronat kleinwürfeln, die Nüsse oder Mandeln

Bienenstich

Für den Teig: 500 g Weizen, fein gemahlen · 1 Würfel Hefe · 200–220 ml Milch · 1 Ei · 1 Prise Salz · 1 Eßl. Honig · 1 Messerspitze gemahlene Vanille oder abgeriebene Schale von ½ Zitrone (Schale unbehandelt) · 50 g weiche Butter Für den Belag: 250 g Mandeln · 250 g Honig · 200 g Butter · ¼ Teel. gemahlene Vanille

Zubereitungszeit: 1 Stunde und 25 Minuten
Backzeit: 1 Stunde

Den Hefeteig, wie auf Seite 72 beschrieben, zubereiten und gehen lassen. Während der Ruhezeit die Mandeln brühen, schälen, halbieren und in Stifte schneiden. Den Honig, die Butter, die Vanille und die Mandeln aufkochen, dann abkühlen lassen. Den Hefeteig ausrollen und auf ein mit Backpapier belegtes Blech legen. Die Mandelmasse auf den Hefeteig streichen. Das Blech

Kuchen, die jeder mag

auf die mittlere Schiene in den kalten Backofen schieben und den Kuchen bei 190 °C etwa 60 Minuten backen lassen. Nach dem Abkühlen in Rechtecke schneiden.

Variante: ½ l Sahne steif schlagen, mit 2–3 Eßlöffeln Honig süßen und mit ¼ Teelöffel gemahlener Vanille würzen. Jedes Kuchenstück auseinanderschneiden und mit der Sahne füllen. Die Sahne erhält mehr »Stand«, wenn man Biobin verwendet.

Apfelrolle

Für den Teig: 500 g Weizen, fein gemahlen · 1 Würfel Hefe · 200–220 ml Milch · 1 Ei · 1 Prise Salz · 1 Eßl. Honig · 1 Messerspitze gemahlene Vanille oder abgeriebene Schale von ½ Zitrone (Schale unbehandelt) · 50 g weiche Butter
Für die Füllung: 1500–2000 g säuerliche Äpfel · Saft von 1 Zitrone · 4 Eßl. Haselnüsse · 300 g Crème fraîche · 4 gehäufte Eßl. ungeschwefelte Rosinen · 4 Eßl. Ahornsirup · ½ Teel. gemahlene Vanille · 1 gehäufter Teel. Zimt
Für die Form: Butter
Zum Belegen und Begießen: Butter · eventuell 2 Tassen heiße Milch

Zubereitungszeit: 1 Stunde und 20 Minuten
Backzeit: 50 Minuten

Den Hefeteig nach dem Grundrezept auf Seite 72 zubereiten und gehen lassen. Während der Ruhezeit die Äpfel vierteln, schälen, das Kernhaus entfernen und die Äpfel in dünne Schnitze schneiden. Mit dem Zitronensaft beträufeln. Die Haselnüsse grobhacken. Den Hefeteig teilen, 2 Rechtecke ausrollen und auf Küchentücher legen. Die Teigplatten mit je 100 g Crème fraîche bestreichen. Die Äpfel gleichmäßig darauf verteilen, ebenso die Nüsse und die Rosinen. Die Füllung mit dem Sirup beträufeln, mit der Vanille und dem Zimt würzen. Die Teigplatten aufrollen, indem man die zwei nebeneinanderliegenden Ecken des Küchentuchs in die Hände nimmt und langsam nach oben zieht. Die Apfelrollen nebeneinander mit dem Schluß (Teigende) nach unten in eine gebutterte rechteckige Form legen, mit der restlichen Crème fraîche bestreichen und mit Butterflöckchen belegen. Die Form in den kalten Backofen auf die mittlere Schiene stellen und die Apfelrollen bei 210 °C 50 Minuten backen lassen. Die Apfelrolle kann kalt oder warm gegessen werden. Wird die Rolle warm serviert, sollte sie nach ungefähr 30 Minuten Backzeit mit der heißen Milch begossen werden.

Nußrolle

Für den Teig: 500 g Weizen, fein gemahlen · 1 Würfel Hefe · 200–220 ml Milch · 1 Ei · 1 Prise Salz · 1 Eßl. Honig · 1 Messerspitze gemahlene Vanille oder abgeriebene Schale von ½ Zitrone (Schale unbehandelt) · 50 g weiche Butter
Für die Füllung: 300 g Haselnüsse · 3 Eßl. flüssiger Honig · 1 gehäufter Teel. Zimt · ¼ Teel. gemahlene Vanille · 1 gehäufter Eßl. Caroben · 1 Ei · 1 Eiweiß · Milch
Zum Bestreichen: 1 Eigelb · 1 Eßl. Milch

Zubereitungszeit: 40 Minuten
Ruhezeit: 1 Stunde
Backzeit: etwa 50 Minuten

Den Hefeteig nach dem Grundrezept auf Seite 72 zubereiten und gehen lassen. Während der Ruhezeit die Haselnüsse feinreiben, dann mit dem Honig, dem Zimt, der Vanille, dem Caroben, dem Ei, dem Eiweiß und so viel Milch verrühren, daß eine streichbare Masse entsteht. Den Hefe-

Kuchen, die jeder mag

teig zu einem Rechteck ausrollen. Die Nußmasse auf den Teig streichen. Den Teig von der breiten Seite her aufrollen und die Ränder fest zusammendrücken. Die Rolle auf ein mit Backpapier belegtes Backblech legen und mit der Eimilch bestreichen. Auf die mittlere Schiene des kalten Backofens schieben und bei 200 °C etwa 50 Minuten backen lassen.

Zwetschgenrolle

Für den Teig: 500 g Weizen, fein gemahlen · 1 Würfel Hefe · 200–220 ml Milch · 1 Ei · 1 Prise Salz · 1 Eßl. Honig · 1 Messerspitze gemahlene Vanille oder abgeriebene Schale von ½ Zitrone (Schale unbehandelt) · 50 g weiche Butter Für die Füllung: 2 kg Zwetschgen · 100 g flüssiger Honig · 1 gehäufter Teel. Zimt · Saft von 1 Zitrone · 2 Eßl. Rum · 50 g Haselnüsse · 30 g Butter · etwa 100 g Vollkornbrösel Zum Bestreichen: 1 Eigelb · 1 Eßl. Milch

Zubereitungszeit: 1 Stunde und 20 Minuten
Backzeit: etwa 50 Minuten

Den Hefeteig nach dem Grundrezept auf Seite 72 zubereiten und gehen lassen. Während der Ruhezeit die Zwetschgen waschen, entsteinen, dann in einer Schüssel mit dem Honig, dem Zimt, dem Saft der Zitrone und dem Rum mischen. 45 Minuten zugedeckt stehenlassen. Die Haselnüsse grobhacken. Nun den Teig zu einem Rechteck ausrollen. Die Butter erwärmen und den Teig damit bestreichen. Die Brösel und die Haselnüsse darauf verteilen. Die Zwetschgen abtropfen lassen, die Flüssigkeit für Kompott verwenden. Die Früchte auf der Teigplatte verteilen und den Teig von der breiten Seite her aufrollen. Die Ränder fest zusammendrücken. Die Rolle auf ein mit Backpapier belegtes Blech legen, mit der Eimilch bestreichen und auf die mittlere Schiene des kalten Backofens stellen. Bei 200 °C etwa 50 Minuten backen lassen.

Mohnrolle

Für den Teig: 500 g Weizen, fein gemahlen · 1 Würfel Hefe · 200–220 ml Milch · 1 Ei · 1 Prise Salz · 1 Eßl. Honig · 1 Messerspitze gemahlene Vanille oder abgeriebene Schale von ½ Zitrone (Schale unbehandelt) · 50 g weiche Butter Für die Füllung: 100 g Mandeln · 100 g Ahornsirup oder flüssiger Honig · 30 g Butter · ¼ l Milch · 300 g frisch gemahlener Mohn. 100 g ungeschwefelte Rosinen · abgeriebene Schale von ½ Zitrone (Schale unbehandelt) · 1 gestrichener Teel. Zimt · 2 Eßl. Rum · etwa 50 g Vollkornbrösel Zum Bestreichen: 1 Eigelb · 1 Eßl. Milch

Zubereitungszeit: 1 Stunde und 15 Minuten
Backzeit: etwa 50 Minuten

Den Hefeteig nach dem Grundrezept auf Seite 72 zubereiten und gehen lassen. Während der Ruhezeit die Mandeln brühen, schälen, trocknen lassen und feinreiben. Den Sirup oder Honig, die Butter und die Milch aufkochen, den Mohn einrieseln lassen und unter Rühren ebenfalls aufkochen. Dann die Mandeln, die Rosinen, die Zitronenschale, den Zimt und den Rum zugeben. Die Brösel nach Bedarf unterrühren und die Füllung abkühlen lassen. Den Hefeteig fingerdick zu einem Rechteck ausrollen, die Mohnmasse auf den Teig streichen und die Rolle von der breiten Seite her aufrollen. Mit der Naht nach unten auf ein Blech mit Backpapier legen, mit der Eimilch bestreichen. In den kalten Backofen auf die mittlere Schiene geben und bei 200 °C etwa 50 Minuten backen lassen.

Kuchen, die jeder mag

Weihnachtsstollen

*75 g Mandeln · 100 g ungeschwefelte Rosinen ·
4 Eßl. Rum · 100 g Zitronat · 100 g Orangeat ·
500 g Weizen, fein gemahlen · 1 Würfel Hefe ·
200–220 ml Milch · 1 Ei · 1 Prise Salz ·
50 g weiche Butter · 1 gestrichener Teel. Zimt ·
¼ Teel. gemahlene Vanille · 1 Messerspitze
gemahlener Kardamom · 1 Messerspitze
geriebene Muskatnuß
Zum Bestreichen: 30 g flüssige Butter*

Zubereitungszeit: 45 Minuten
Ruhezeit: über Nacht
Backzeit: etwa 50 Minuten
Zeit zum Durchziehen: mindestens 3–4 Tage

Die Mandeln brühen, schälen und in Stifte schneiden. Die Rosinen im erwärmten Rum quellen lassen. Das Zitronat und Orangeat würfeln. Aus den Zutaten von Weizen bis Butter nach dem Grundrezept auf Seite 72 einen Hefeteig zubereiten und gründlich kneten. Zum Ende der Knetzeit die Mandeln, die Rumrosinen, das Zitronat und Orangeat sowie die Gewürze zum Teig geben. Den Teig zugedeckt kühl stellen und über Nacht ruhen lassen.
Den Backofen auf 200 °C vorheizen. Den Teig nochmals kneten und ein längliches Brot daraus formen. Dieses mit dem Wellholz abflachen, die Oberfläche mit warmem Wasser bestreichen und einen Teil des Teiges der Länge nach auf den anderen klappen – so ergibt sich die typische Stollenform. Den Stollen mit der Hälfte der flüssigen Butter bestreichen, auf ein mit Backpapier belegtes Blech geben und auf der mittleren Schiene etwa 50 Minuten backen lassen. Eventuell nach 30 Minuten mit Alufolie abdecken. Den Stollen noch heiß mit der restlichen Butter bestreichen, abkühlen und mindestens 3–4 Tage durchziehen lassen.

Kletzenbrot

Kletzen nennt man in Süddeutschland die getrockneten Birnen. Das Kletzenbrot ist ein beliebtes Gebäck zur Advents- und Weihnachtszeit.

*500 g ungeschwefelte getrocknete Birnen ·
500 g ungeschwefelte Kurpflaumen ohne Stein ·
1 Stange Zimt · 6 ganze Nelken · 500 g Weizen,
fein gemahlen · 1 Würfel Hefe · ¼ Teel. Salz ·
1 Eßl. Honig · etwa 330 ml Brühe von den
Dörrfrüchten · 75 g Haselnüsse ·
75 g Mandeln · 75 g Feigen · 75 g Datteln ·
50 g Zitronat · 50 g Orangeat ·
100 g ungeschwefelte Rosinen · abgeriebene
Schale von je ½ Zitrone und Orange (Schalen
unbehandelt)
Zum Bestreichen: 40 g Butter oder 2 Eßl. Honig*

Zubereitungszeit: 50 Minuten
Ruhezeit: 1 Stunde
Backzeit: etwa 50 Minuten
Zeit zum Durchziehen: mindestens 1 Woche

Die Birnen und die Pflaumen mit dem Zimt und den Nelken in einem Topf mit Wasser bedecken und weich kochen. Die Flüssigkeit abgießen und auffangen, Früchte abkühlen lassen. Aus dem Mehl, der in wenig Wasser gelösten Hefe, dem Salz, dem Honig und etwa 330 ml der lauwarmen Birnen- und Pflaumenbrühe einen Hefeteig zubereiten, kräftig kneten und an einem warmen Platz zugedeckt ruhen lassen, bis sich das Teigvolumen etwa verdoppelt hat. Die Birnen und Pflaumen kleinschneiden, die Nüsse und Mandeln grobmahlen. Die Feigen kleinschneiden. Die Datteln entsteinen und ebenfalls kleinschneiden. Das Zitronat und das Orangeat würfeln. Nun den Hefeteig mit allen Früchten, den Nüssen und Mandeln und der abgeriebenen Schale der Zitrusfrüchte verkneten und daraus zwei längliche

Kuchen, die jeder mag

Brote formen. Nochmals etwa 15 Minuten gehen lassen. Den Backofen auf 210 °C vorheizen. Die Kletzenbrote auf ein mit Backpapier belegtes Blech legen und auf der mittleren Schiene etwa 50 Minuten backen lassen. Einen Topf mit kochendem Wasser während des Backens auf den Boden des Backofens stellen. Nach der halben Backzeit mit Alufolie abdecken. Die Butter zerlassen und die noch heißen Kletzenbrote damit bestreichen. Oder den Honig etwas einkochen lassen und die Oberfläche der heißen Brote mit Honig bestreichen. Die Brote vor dem Anschneiden mindestens 1 Woche durchziehen lassen.

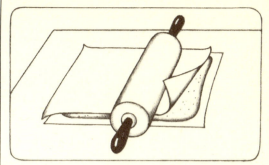

Sie können den Teig zwischen Folie, aber auch zwischen zwei Bogen Pergamentpapier ausrollen.

Mürbeteig

Grundrezept

Die Teigmenge reicht für 1 Springform.

200 g Weizen, fein gemahlen · ½ Teel. Backpulver · 1 Prise Salz · abgeriebene Schale von ½ Zitrone (Schale unbehandelt) oder 1 Messerspitze gemahlene Vanille · 1 Eßl. Honig · 1 Ei · 125 g Butter

Zubereitungszeit: 15 Minuten
Ruhezeit: 30 Minuten

Das Mehl mit dem Backpulver, dem Salz und der abgeriebenen Zitronenschale oder der Vanille mischen, den Honig und das Ei in die Mitte des Mehls geben. Die kalte Butter in Stückchen zufügen und mit kalten Händen alles rasch zu einem gleichmäßigen Teig kneten. Den Mürbeteig 30 Minuten zugedeckt im Kühlschrank ruhen lassen.
Oder aus den angegebenen Zutaten mit der weichen Butter einen Teig rühren und 3–4 Stunden im Kühlschrank ruhen lassen.

Tip: Damit der Mürbeteig nicht klebt, rollen Sie ihn zwischen Plastikfolie (zum Beispiel einem aufgeschnittenen Gefrierbeutel) aus. Die Folie braucht nicht mit Mehl bestäubt zu werden. Die Springform immer fetten und bemehlen. Wird der Teig ohne Belag gebacken oder vorgebakken, muß der Teigboden mit einer Gabel mehrmals eingestochen werden, damit sich beim Backen keine Blasen bilden.

Mandelmürbeteig

Die Teigmenge reicht für 1 Springform.

75 g Mandeln · 150 g Weizen, fein gemahlen · 1 Ei · 1 Eßl. Honig · 1 Prise Salz · 150 kalte Butter

Zubereitungszeit: 20 Minuten
Ruhezeit: 30 Minuten

Die Mandeln brühen, schälen, auf Küchenpapier trocknen, dann feinreiben. Das Mehl mit dem Ei, dem Honig, dem Salz und den Mandeln mischen. Die kalte Butter in Stückchen zugeben und alles

Kuchen, die jeder mag

rasch zu einem Teig kneten. Den Mandelmürbeteig zugedeckt 30 Minuten im Kühlschrank ruhen lassen.

Streusel

175 g Haselnüsse · 75 g Weizen, fein gemahlen · 125 g flüssiger Honig · ½ Teel. Zimt · ¼ Teel. gemahlene Vanille · 75 g Butter

Zubereitungszeit: 15 Minuten

Die Nüsse feinreiben, mit dem Mehl, dem Honig und den Gewürzen vermengen. Dann die Butter schmelzen und zulaufen lassen; alles mit einer Gabel zu einer krümeligen Masse verarbeiten. Die Streusel eignen sich als Belag auf Apfel-, Zwetschgen-, Kirsch-, Aprikosen- und Käsekuchen.

Obstkuchen mit Mandelbaiser

Für den Teig: 75 g Mandeln · 150 g Weizen, fein gemahlen · 1 Ei · 1 Eßl. Honig · 1 Prise Salz · 150 g kalte Butter
Für den Belag: 500 g Obst (Ananas, Pfirsiche, Aprikosen, Birnen oder Kirschen)
Für das Baiser: 50 g Mandeln · 2 Eiweiße · 1 Prise Salz · 1 Eßl. flüssiger Honig
Für die Form: Butter · Vollkornmehl

Zubereitungszeit: 40 Minuten
Backzeit: 35–40 Minuten

Den Mandelmürbeteig nach dem Grundrezept auf Seite 79 zubereiten und ruhen lassen. Während der Ruhezeit das Obst waschen oder schälen, eventuell entkernen und zerkleinern. Für das Baiser die Mandeln brühen, schälen, trocknen und feinreiben. Eine Springform ausbuttern und bemehlen. Den Teig zwischen Plastikfolie ausrollen, den Boden der Springform damit auslegen und einen Teigrand bilden. Den Teigboden mit einer Gabel mehrmals einstechen. Die Form auf die mittlere Schiene des kalten Backofens stellen und den Kuchenboden bei 200 °C 25–30 Minuten backen lassen. Die Eiweiße mit dem Salz steif schlagen, vorsichtig die Mandeln und den Honig unterziehen. Die Früchte auf dem vorgebackenen Boden verteilen, den Eischaum auf das Obst streichen und den Kuchen nochmals 10 Minuten backen, bis das Mandelbaiser goldgelb ist.

Ölteig

Grundrezept

Dieser Teig ähnelt dem Mürbeteig. Er ist rasch zubereitet und eignet sich für Obst- und Käsekuchen. Wenn Sie den Honig weglassen, lassen sich aus dem Ölteig Pizza, Zwiebelkuchen, pikanter Käsekuchen und dergleichen herstellen. Die Teigmenge reicht für 1 Springform.

200 g Weizen, fein gemahlen · 3 Eßl. Pflanzenöl · 3 Eßl. kaltes Wasser · 1 Prise Salz · 1 Eßl. Honig

Zubereitungszeit: 5 Minuten
Ruhezeit: 30 Minuten

Aus den angegebenen Zutaten einen Teig rühren, dann einige Minuten kräftig kneten. Den Teig zugedeckt 30 Minuten ruhen lassen; dann wie Mürbeteig zwischen Plastikfolie ausrollen (siehe Seite 79).

Kuchen, die jeder mag

Käsekuchen

Bild Seite 74

Für diesen Kuchen können Sie den Ölteig oder auch den Mürbeteig (Rezept Seite 79) verwenden.

Für den Ölteig: 200 g Weizen, fein gemahlen · 3 Eßl. Pflanzenöl · 3 Eßl. kaltes Wasser · 1 Prise Salz · 1 Eßl. Honig
Für den Belag: ½ Tasse ungeschwefelte Rosinen · 1–2 Eßl. Rum · 750 g Magerquark · Milch · 175 g flüssiger Honig · 3 Eier · 1 Prise Salz · ¼ Teel. gemahlene Vanille · 200 ml Sahne
Für die Form: Butter · Vollkornmehl

Zubereitungszeit: 40 Minuten
Backzeit: 55 Minuten

Den Ölteig nach dem Grundrezept gegenüber zubereiten und ruhen lassen oder Mürbeteig herstellen. Während der Ruhezeit die Rosinen in heißem Rum quellen lassen. Den Quark mit etwas Milch glattrühren. Dann den Honig, die ganzen Eier, das Salz und die Vanille zugeben. Den Teig ausrollen, in eine gefettete, bemehlte Springform geben, einen Rand bilden und den Boden mehrmals einstechen. Die Form auf die mittlere Schiene des kalten Backofens stellen und den Kuchenboden bei 200 °C gut 15 Minuten vorbacken. Die Sahne steif schlagen, mit den Rumrosinen unter die Quarkcreme heben und die Masse auf den vorgebackenen Boden streichen. Den Käsekuchen in 40 Minuten fertigbacken.

Quark-Öl-Teig

Grundrezept

Die Teigmenge reicht für 1 Backblech oder 2 Springformen.

150 g trockener Magerquark · 6 Eßl. Pflanzenöl · 3 Eßl. Milch · 1 Ei · 1 Prise Salz · 2 Eßl. flüssiger Honig · 1 Prise gemahlene Vanille oder abgeriebene Schale von ½ Zitrone (Schale unbehandelt) · 300 g Weizen, fein gemahlen · 2 gehäufte Teel. Backpulver

Zubereitungszeit: 10 Minuten

Den Quark mit dem Öl, der Milch, dem Ei, dem Salz, dem Honig und der Vanille oder der abgeriebenen Zitronenschale verrühren. Die Hälfte des Mehls und das Backpulver unterrühren. Dann das restliche Mehl unterkneten. Den Teig 30 Minuten zugedeckt ruhen lassen.

Tip: Ohne Honig eignet sich der Teig für Pizza, Zwiebelkuchen und dergleichen.

Apfelkuchen mit Guß

Für den Teig: 150 g trockener Magerquark · 6 Eßl. Pflanzenöl · 3 Eßl. Milch · 1 Ei · 1 Prise Salz · 2 Eßl. flüssiger Honig · 1 Prise gemahlene Vanille oder abgeriebene Schale von ½ Zitrone (Schale unbehandelt) · 300 g Weizen, fein gemahlen · 2 gehäufte Teel. Backpulver
Für den Belag: 2 kg säuerliche Äpfel · 3 Eßl. ungeschwefelte Rosinen · 2 Eßl. Rum · 60 g Butter · 2–3 Eßl. Honig · 1 gestrichener Teel. Zimt · ¼ Teel. gemahlene Vanille
Für den Guß: 3 Eier · 1 Eßl. Honig · 150 g Crème fraîche oder saure Sahne

Kuchen, die jeder mag

Zubereitungszeit: 50 Minuten
Backzeit: 45 Minuten

Den Quark-Öl-Teig nach dem Grundrezept auf Seite 81 zubereiten und ruhen lassen. Während der Ruhezeit die Äpfel vierteln, vom Kernhaus befreien, schälen und in Stücke schneiden. Die Apfelstücke mit den Rosinen, dem Rum und der Butter kurz dünsten, dann abkühlen lassen. Den Honig und die Gewürze zugeben und abschmecken. Den Teig auf einem mit Backpapier belegten Blech ausrollen (oder mit den Händen breitdrücken) und die Apfelmasse auf dem Teig verteilen. Das Blech auf die mittlere Schiene des kalten Backofens stellen und den Kuchen bei 210 °C 30 Minuten backen lassen. Die Eier trennen, die Eigelbe mit dem Honig cremig rühren, die Crème fraîche oder die saure Sahne zugeben. Die Eiweiße steif schlagen und unter die Creme ziehen. Den Guß auf den vorgebackenen Apfelkuchen streichen. Den Kuchen noch 10–15 Minuten weiterbacken, bis die Oberfläche schön goldbraun ist. Abgekühlt in Rechtecke schneiden und frisch servieren.

Apfel-Käse-Kuchen vom Blech

Für den Teig: 150 g trockener Magerquark · 6 Eßl. Pflanzenöl · 3 Eßl. Milch · 1 Ei · 1 Prise Salz · 2 Eßl. flüssiger Honig · 1 Prise gemahlene Vanille oder abgeriebene Schale von ½ Zitrone (Schale unbehandelt) · 300 g Weizen, fein gemahlen · 2 gehäufte Teel. Backpulver
Für den Belag: 1500 g säuerliche Äpfel · 1 Zitrone (Schale unbehandelt) · 3 Eier · 50 g weiche Butter · 2 Eßl. flüssiger Honig · 500 g Magerquark · 2 Eßl. Vollweizengrieß · 4 Eßl. Sahne · 2 Eßl. ungeschwefelte Rosinen
Zum Bestreichen: 1 Eigelb · 1 Eßl. Milch

Zubereitungszeit: 45 Minuten
Backzeit: 55 Minuten

Den Quark-Öl-Teig, wie auf Seite 81 beschrieben, zubereiten und ruhen lassen. Während der Ruhezeit die Äpfel vierteln, vom Kernhaus befreien, schälen und in Schnitze schneiden. Die Apfelschnitze mit dem Zitronensaft beträufeln. Die Eier trennen. Die weiche Butter mit dem Honig und den Eigelben verrühren. Den Quark, den Grieß, die Sahne, die Rosinen und die abgeriebene Schale von ½ Zitrone zugeben. Die Eiweiße steif schlagen und den Schnee vorsichtig unterziehen. Ein Backblech mit Backpapier auslegen. Den Teig ausrollen, auf das Papier legen, mit den Äpfeln gleichmäßig belegen und die Quarkmasse auf die Äpfel streichen. Das Eigelb mit der Milch verrühren. Die Oberfläche des Kuchens mit der Eimilch bestreichen und das Blech auf die mittlere Schiene in den kalten Backofen stellen. Den Apfel-Käse-Kuchen bei 210 °C etwa 55 Minuten backen lassen. Abgekühlt in Rechtecke schneiden und frisch essen.

Apfeltaschen

Für den Teig: 150 g trockener Magerquark · 6 Eßl. Pflanzenöl · 3 Eßl. Milch · 1 Ei · 1 Prise Salz · 2 Eßl. flüssiger Honig · 1 Prise gemahlene Vanille oder abgeriebene Schale von ½ Zitrone (Schale unbehandelt) · 300 g Weizen, fein gemahlen · 2 gehäufte Teel. Backpulver
Für die Füllung: 2 Eßl. ungeschwefelte Rosinen · 6–8 säuerliche Äpfel · Saft von 1 Zitrone · 2 Eßl. Honig · ½ Teel. Zimt · ¼ Teel. gemahlene Vanille
Zum Bestreichen: 1 Eigelb · 1 Eßl. Milch

Zubereitungszeit: 50 Minuten
Backzeit: etwa 20 Minuten

Kuchen, die jeder mag

So werden bei den Apfel- oder Quarktaschen die Teigecken über der Füllung zur Mitte hin eingeklappt.

Den Quark-Öl-Teig nach dem Grundrezept auf Seite 81 zubereiten und ruhen lassen. Während der Ruhezeit die Rosinen in heißem Wasser quellen lassen. Die Äpfel schälen, mit der Rohkostreibe grobraspeln und mit Zitronensaft beträufeln. Dann die Äpfel mit dem Honig, den Gewürzen und den abgetropften Rosinen vermengen. Den Backofen auf 230 °C vorheizen. Den Teig ausrollen und in Rechtecke von etwa 10 × 10 cm schneiden. In die Mitte jedes Teigstücks etwas Apfelfüllung geben, die Ränder wie ein Kuvert zusammenklappen und die Taschen mit Eimilch bestreichen. Die Apfeltaschen auf ein mit Backpapier belegtes Blech geben und auf der mittleren Schiene etwa 20 Minuten backen lassen. Die Taschen müssen auf einem Gitter auskühlen.

Quarktaschen

Für den Teig: 150 g trockener Magerquark · 6 Eßl. Pflanzenöl · 3 Eßl. Milch · 1 Ei · 1 Prise Salz · 2 Eßl. flüssiger Honig · 1 Prise gemahlene Vanille oder abgeriebene Schale von ½ Zitrone (Schale unbehandelt) · 300 g Weizen, fein gemahlen · 2 gehäufte Teel. Backpulver

Für die Füllung: 2 Eßl. ungeschwefelte Rosinen · 750 g Magerquark · 4 Eigelbe · 75 g flüssige Butter · 125 g flüssiger Honig · ¼ Teel. gemahlene Vanille · eventuell Milch
Zum Bestreichen: 1 Eigelb · 1 Eßl. Milch

Zubereitungszeit: 50 Minuten
Backzeit: etwa 20 Minuten

Den Quark-Öl-Teig nach dem Grundrezept auf Seite 81 zubereiten und ruhen lassen. Während der Ruhezeit die Rosinen mit heißem Wasser übergießen und quellen lassen. Den Quark mit den Eigelben, der flüssigen Butter, dem Honig und der Vanille cremig rühren, eventuell etwas Milch zugeben. Die abgetropften Rosinen unter die Creme heben. Den Backofen auf 230 °C vorheizen. Den Teig ausrollen und Rechtecke von etwa 10 × 10 cm mit dem Teigrädchen ausschneiden. In die Mitte jedes Teigstücks etwas Quarkfüllung geben. Die Ränder wie ein Kuvert zusammenklappen. Die Taschen mit Eimilch bestreichen und auf ein mit Backpapier belegtes Blech geben. Die Quarktaschen auf der mittleren Schiene des Backofens etwa 20 Minuten backen lassen. Sie sollen auf einem Gitter auskühlen.

Brandteig

Grundrezept

¼ l Wasser · 50 g Butter · 1 Prise Salz · 140 g Weizen, fein gemahlen · 4 kleine Eier

Zubereitungszeit: 20 Minuten
Backzeit je nach Größe: 15–25 Minuten

Das Wasser mit der Butter und dem Salz aufkochen. Das Mehl auf einmal dazuschütten und rühren, bis sich der Teig als Kloß um den Koch-

Kuchen, die jeder mag

löffel wickelt und sich am Boden eine dünne, weiße Schicht bildet. Dann 1 Ei unterrühren. Den Teig abkühlen lassen und die restlichen Eier unterrühren.
Jeweils einen Teil des Teigs in eine Teigspritze oder in einen Spritzbeutel füllen und auf ein mit Backpapier belegtes Blech Figuren spritzen: zum Beispiel zum Geburtstag das Geburtsdatum oder die Zahl der Jahre, zum Jubiläum die Jahreszahl, zum Jahreswechsel Kleeblätter oder Hufeisen, zum Kindergeburtstag die Namen oder Anfangsbuchstaben der kleinen Gäste. Den Backofen auf 220 °C vorheizen, das Gebäck auf der mittleren Schiene je nach Größe 15–25 Minuten backen lassen.

Windbeutel

Für den Teig: ¼ l Wasser · 50 g Butter · 1 Prise Salz · 140 g Weizen, fein gemahlen · 4 kleine Eier
Füllung mit Sahne: ½ l steif geschlagene Sahne · ¼ Teel. gemahlene Vanille · 2–3 Eßl. Ahornsirup
Füllung mit Orangencreme:
400 g Doppelrahmfrischkäse · 3 cl Orangenlikör oder abgeriebene Schale von ½ Orange (Schale unbehandelt) · Orangensaft zum Glattrühren
Füllung mit Quarksahne: 300 g Magerquark · 3 Eßl. flüssiger Honig · ¼ Teel. gemahlene Vanille oder abgeriebene Schale von ½ Zitrone (Schale unbehandelt) · 200 ml steif geschlagene Sahne · eventuell frische Früchte (Erdbeeren, Himbeeren, Sauerkirschen, Pfirsiche oder Aprikosen)

Zubereitungszeit: 30 Minuten
Backzeit: 25–30 Minuten

Den Brandteig nach dem Grundrezept auf Seite 83 zubereiten. Ein Backblech mit Backpapier auslegen. Den Backofen auf 220 °C vorheizen. Aus dem Teig etwa 16 Teighäufchen mit Hilfe von zwei Kaffeelöffeln oder mit dem Spritzbeutel formen, auf das Papier setzen und auf der mittleren Schiene 25–30 Minuten backen. Sofort den Deckel mit einer Brotsäge oder einer Haushaltsschere abschneiden. Die Windbeutel auskühlen lassen. Die Füllung nach Wahl zubereiten. Die Windbeutel damit füllen. Die Deckel aufsetzen. Frisch servieren.

Eclairs

Für den Teig: ¼ l Wasser · 50 g Butter · 1 Prise Salz · 140 g Weizen, fein gemahlen · 4 kleine Eier
Zum Bestreichen: 1 Eigelb · 1 Eßl. Wasser
Sahnefüllung: ¼ l Sahne · gemahlene Vanille · Ahornsirup
Mokkasahnefüllung: ¼ l Sahne · 1 gestrichener Eßl. Pulverkaffee · gemahlene Vanille · Ahornsirup

Zubereitungszeit: 30 Minuten
Backzeit: 20–25 Minuten

Den Brandteig nach dem Grundrezept auf Seite 83 zubereiten. Den Backofen auf 220 °C vorheizen. Den Teig in einen Spritzbeutel mit glatter Tülle füllen und auf ein mit Backpapier belegtes Blech daumenstarke, 5–6 cm lange Streifen spritzen. Die Streifen mit dem verdünnten Eigelb bestreichen und auf der mittleren Schiene 20–25 Minuten backen lassen. Die heißen Eclairs sofort durchschneiden, dann auskühlen lassen. Die Sahne steif schlagen und die Geschmackszutaten untermengen. Die Eclairs damit füllen. Frisch servieren.

Beliebte Torten

Biskuitteig

Grundrezept

4–5 Eier · 1 Prise Salz · 4 Eßl. lauwarmes Wasser · 125 g flüssiger Honig · ¼ Teel. gemahlene Vanille · 1 gehäufter Teel. Backpulver · 175 g Weizen oder Dinkel, fein gemahlen
Für die Form: Butter

Zubereitungszeit: 10 Minuten
Backzeit: 15 oder 30 Minuten

Die Eier trennen, die Eiweiße mit dem Salz steif schlagen. Den Backofen auf 200 °C vorheizen. Die Eigelbe mit dem Wasser und dem Honig mit den Quirlen des Handrührgerätes schaumig rühren, dann die Vanille und das mit dem Backpulver gemischte Mehl unterrühren. Den Eischnee vorsichtig unterziehen.
Für eine Torte den Teig in eine am Boden gefettete Springform füllen und auf der unteren Schiene des Backofens etwa 30 Minuten backen. Auskühlen lassen.

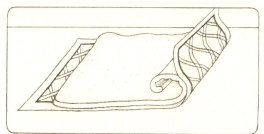
Die Biskuitplatte wird mit dem Tuch aufgerollt, nach dem Abkühlen ausgerollt, gefüllt und wieder aufgerollt.

Für eine Roulade das Backblech mit Backpapier auskleiden, den Teig auf das Papier streichen und auf der mittleren Schiene etwa 15 Minuten backen. Ein Küchentuch in heißes Wasser tauchen, auswringen, nach dem Backen auf die Roulade legen. Das Blech stürzen, das Backpapier abziehen und das Tuch mit dem Biskuit aufrollen, auskühlen lassen.

Gefüllte Biskuitroulade
Während die aufgerollte Teigplatte auskühlt, die Füllung zubereiten: zum Beispiel Sahne steif schlagen und süßen oder Sahnequark cremig rühren sowie Früchte waschen, schälen und zerkleinern. Den abgekühlten Teig wieder ausrollen, die Füllung gleichmäßig darauf verteilen und die Roulade wieder einrollen. Mit einem Rest der Füllung die Oberfläche bestreichen und eventuell mit Früchten verzieren.

Mandelbiskuitteig

175 g Mandeln · 5 Eier · 1 Prise Salz · 5 Eßl. lauwarmes Wasser · 150 g flüssiger Honig · 175 g Weizen oder Dinkel, fein gemahlen · 1 gehäufter Teel. Backpulver
Für die Form: Butter

Zubereitungszeit: 20 Minuten
Backzeit: 20 oder 40 Minuten

Die Mandeln brühen, schälen, auf Küchenpapier trocknen. Die Eier trennen, die Eiweiße mit dem Salz steif schlagen. Die Eigelbe mit dem Wasser und dem Honig cremig rühren, das Mehl, mit dem Backpulver gemischt, zugeben und gründlich verrühren. Den Backofen auf 190 °C vorheizen. Die Mandeln feinreiben und unter die Teigmasse rühren. Den Eischnee vorsichtig unterziehen.
Für eine Torte den Boden einer Springform fetten, den Teig einfüllen und auf der unteren Schiene des Backofens 35–40 Minuten backen. Die-

Beliebte Torten

ser Mandelbiskuit sollte erst am nächsten Tag weiterverwendet werden.
Für eine Roulade ein Backblech mit Backpapier auskleiden, den Teig auf das Papier streichen und 15–20 Minuten auf der mittleren Schiene backen. Ein Küchentuch in heißes Wasser tauchen, auswringen und sofort nach dem Backen auf die Roulade legen. Das Blech stürzen und das Backpapier abziehen. Das Tuch mit dem Biskuit aufrollen, auskühlen lassen. Die Mandelbiskuitroulade, wie im vorangegangenen Rezept beschrieben, füllen.

Sahnetorte mit Früchten

1 Biskuittorte, nach dem Grundrezept auf Seite 85 gebacken · 500–750 g frische Früchte (Erdbeeren, Himbeeren, Sauerkirschen, Aprikosen, Pfirsiche oder Ananas) · ½ l Sahne · ¼ Teel. gemahlene Vanille · 3–4 EBl. Ahornsirup je nach Süße der Früchte · 1 EBl. Pistazienkerne

Zubereitungszeit: 15 Minuten

Den Biskuittortenboden 1–2 mal durchschneiden. Die Früchte waschen oder brühen und schälen, eventuell entkernen und zerkleinern. Die gut gekühlte Sahne steif schlagen, mit der Vanille würzen und mit dem Sirup süßen. Die Teigböden mit der Sahne füllen, mit den Früchten belegen und zusammensetzen. Die Oberfläche und den Rand der Torte mit Sahne bestreichen. Die Pistazien kleinhacken und den Tortenrand damit bestreuen. Die Torte bis zum Servieren kühl stellen.

Käse-Sahne-Torte

1 Biskuittorte, nach dem Grundrezept auf Seite 85 gebacken · 5 Eier · 1 Prise Salz · 250 g flüssiger Honig · 1 Zitrone (Schale unbehandelt) · 750 g Magerquark · 12 Blatt farblose Gelatine · ½ l Sahne

Zubereitungszeit: 40 Minuten
Kühlzeit: 3–4 Stunden

Den Biskuittortenboden einmal durchschneiden. Den Boden in eine frische Springform geben. Die Eier trennen, die Eiweiße mit dem Salz steif schlagen. Die Eigelbe mit dem Honig schaumig rühren, den Saft und die abgeriebene Schale der Zitrone zugeben, dann den Quark unterrühren. Die aufgelöste Gelatine unter die Quarkmasse mischen. Wenn die Creme beginnt steif zu werden, zuerst den Eischnee unterziehen. Dann die Sahne steif schlagen und vorsichtig unter die Creme heben. Die Käsesahne auf den Biskuitboden streichen. Den Tortendeckel mit einem Sägemesser vorsichtig in 12 gleichmäßige Stücke einteilen, aber nicht durchschneiden. Den Deckel auflegen und die Torte 3–4 Stunden in der Form kalt stellen.

Apfeltorte

Für den Teig: 150 g Weizen oder Dinkel, fein gemahlen · ½ Teel. Backpulver · 1 Prise Salz · 2 EBl. flüssiger Honig · 1 Eigelb · 100 g kalte Butter
Für den Belag: 2 EBl. ungeschwefelte Rosinen · 3 EBl. Rum · 800 g säuerliche Äpfel · 1 Zitrone · 50 g Mandelstifte
Für den Guß: 1 Ei · 1 EBl. Honig · 125 g Crème fraîche · 1 Eiweiß
Für die Form: Butter · Vollkornmehl

Beliebte Torten

Zubereitungszeit: 1 Stunde
Backzeit: 45 Minuten

Das Mehl mit dem Backpulver mischen und auf die Arbeitsfläche schütten. Das Salz, den Honig und das Eigelb zugeben. Die Butter in Würfel schneiden und auf dem Mehl verteilen. Alles mit kalten Händen rasch zu einem Teig verkneten. Zugedeckt im Kühlschrank 30 Minuten ruhen lassen. Die Rosinen mit dem heißen Rum übergießen. Die Äpfel vierteln, schälen, das Kernhaus entfernen. Die Wölbung jedes Apfelviertels mit einem Messer 5–6 mal einkerben, dann mit Zitronensaft beträufeln. Zwei Drittel des Teiges ausrollen und auf den Boden einer gefetteten, bemehlten Springform legen. Aus dem restlichen Teig Rollen formen und zu einem Rand in die Form legen. Den Teigboden mehrmals mit einer Gabel einstechen. Nun die Äpfel gleichmäßig auf dem Teigboden verteilen, die Rumrosinen und die Mandelstifte dazwischenstreuen. Den Kuchen auf der mittleren Schiene des Backofens bei 200 °C 30 Minuten backen lassen. Das Ei mit dem Honig und der Crème fraîche verrühren. Das Eiweiß steif schlagen und vorsichtig unterziehen. Den Guß auf den vorgebackenen Kuchen streichen und noch 20 Minuten weiterbakken. Die Torte auf einem Gitter auskühlen lassen. Sie schmeckt frisch am besten, darf sogar noch ein bißchen warm sein.

Linzer Torte

Bild 3. Umschlagseite

200 g ungeschwefelte getrocknete Aprikosen · 200 g Weizen, fein gemahlen · 175 g Mandeln · 3 Eßl. Honig · 1 gestrichener Teel. Zimt · 1 Messerspitze gemahlene Nelken · ½ Zitrone (Schale unbehandelt) · 200 g kalte Butter ·

*nach Belieben 1 Eßl. Obstgeist oder Orangenlikör
Zum Bestreichen: 1 Eigelb · 1 Eßl. Milch
Für die Form: Butter · Vollkornmehl*

Einweichzeit: über Nacht
Zubereitungszeit: 30 Minuten
Ruhezeit: 1 Stunde
Backzeit: 50 Minuten

Die Aprikosen über Nacht in so viel Wasser einweichen, daß sie eben bedeckt sind. Das Mehl auf die Arbeitsfläche schütten. Die Mandeln feinreiben und auf dem Mehl verteilen. Den Honig und die Gewürze mit der abgeriebenen Zitronenschale dazugeben. Die Butter in Stückchen schneiden und auf dem Mehl verteilen. Alles rasch zu einem Teig verkneten; bei Bedarf etwas kaltes Wasser zugeben. Zugedeckt 1 Stunde in den Kühlschrank stellen. Die Aprikosen mit dem Alkohol und, wenn nötig, mit etwas Einweichwasser pürieren, so daß eine Art Marmelade entsteht. Zwei Drittel des Teiges in eine gefettete, bemehlte Springform geben und einen Rand formen. Die Marmelade gleichmäßig auf dem Teigboden verteilen. Den restlichen Teig ausrollen, mit dem Teigrädchen in Streifen schneiden und die Torte gitterartig damit belegen. Das Eigelb und die Milch verrühren und das Teiggitter mit der Eimilch bestreichen. Die Torte auf die mittlere Schiene des kalten Backofens stellen und etwa 50 Minuten bei 200 °C backen lassen.

Herren-Torte

300 ml Wasser · 3 Teel. schwarzer Tee · 1 Tasse Rum oder Arrak · 250 g Zuckerrübensirup · 125 g ungeschwefelte getrocknete Aprikosen · 125 g ungeschwefelte Kurpflaumen ohne Stein · 250 g ungeschwefelte Rosinen · 250 g Weizen,

Beliebte Torten

fein gemahlen · 2 gehäufte Teel. Backpulver · ½ Orange (Schale unbehandelt) · 3–4 Eier
Für die Form: Butter · Vollkornbrösel

Quellzeit: über Nacht
Zubereitungszeit: 25 Minuten
Backzeit: 1 Stunde und 15 Minuten
Zeit zum Durchziehen: mindestens 3 Tage

Das Wasser zum Kochen bringen, die Teeblätter überbrühen und 5 Minuten ziehen lassen, dann abseihen. Den heißen Tee mit dem Alkohol und dem Sirup vermengen. Die Aprikosen und die Pflaumen kleinschneiden, mit den Rosinen mischen, mit der Flüssigkeit übergießen und über Nacht quellen lassen.
Das Mehl mit dem Backpulver mischen, zusammen mit der abgeriebenen Orangenschale und den Eiern zu den Rumfrüchten geben, gründlich verrühren. Eventuell etwas Orangensaft zugeben, wenn der Teig zu fest ist. Den Backofen auf 190 °C vorheizen. Eine Kastenform ausbuttern, ausbröseln und den Teig einfüllen. Auf der mittleren Schiene etwa 75 Minuten backen lassen. Nach der Hälfte der Backzeit mit Alufolie abdecken. Den abgekühlten Kuchen in Alufolie wickeln und frühestens nach 3 Tagen anschneiden.

Rüblitorte

*200 g gelbe Rüben (Möhren), geputzt gewogen · 200 g Haselnüsse · 4 Eier · 4 Eßl. Wasser · 4 Eßl. Himbeer- oder Kirschgeist · 200 g flüssiger Honig · 100 g Weizen oder Dinkel, fein gemahlen · 1 gehäufter Teel. Backpulver
Für die Form: Butter
Zum Verzieren: 200 ml Sahne · 1 Eßl. Honig · 2 Prisen gemahlene Vanille · 1 gehäufter Eßl. Pistazienkerne*

Zubereitungszeit: 25 Minuten
Backzeit: etwa 50 Minuten

Die vorbereiteten Rüben auf der Rohkostreibe mittelfein reiben; sie dürfen nicht musig werden. Die Nüsse feinreiben. Die Eier trennen; die Eiweiße steif schlagen. Mit den Quirlen des Handrührgerätes die Eigelbe mit dem Wasser und dem Alkohol schaumig rühren, den Honig zugeben. Dann das Mehl und das Backpulver zufügen. Jetzt die Rüben und die Nüsse zum Teig geben und vorsichtig den Eischnee unterziehen. Eine Springform auf dem Boden ausbuttern und den Teig einfüllen. Die Form auf die mittlere Schiene des kalten Backofens stellen und die Torte bei 180 °C etwa 50 Minuten backen lassen. Vorsichtig den Rand mit einem Messer lösen, dann die Torte auf einem Gitter abkühlen lassen. Die Sahne steif schlagen, süßen und würzen. Die Pistazien feinhacken. Die Oberfläche der Torte und den Rand mit der Sahne bestreichen, mit Pistazien bestreuen.

Walnußtorte

*200 g Walnußkerne · 100 g Zartbitter- oder Mokkaschokolade · 5 Eier · 80 g weiche Butter · 3 Eßl. Ahornsirup · ¼ Teel. gemahlene Vanille · 1 gehäufter Teel. Backpulver · 2 Eßl. Weinbrand
Zum Bestreichen: ¼ l Sahne · 1–2 Eßl. Ahornsirup · 2 Prisen gemahlene Vanille*

Zubereitungszeit: 20 Minuten
Backzeit: 1 Stunde

Die Nüsse und die Schokolade feinreiben; am besten geht dies in einem Arbeitsgang, wenn man die Nüsse und die Schokolade zusammen portionsweise im Mixer zerkleinert. Die Eier tren-

Beliebte Torten

nen. Die Eiweiße steif schlagen. Die Butter schaumig rühren, die Eigelbe und den Sirup zugeben, dann abwechselnd die Nüsse mit der Schokolade, die Vanille, das Backpulver und den Weinbrand. Den Backofen auf 175 °C vorheizen. Den Boden einer Springform mit Backpapier belegen. Den Eischnee unter den Teig ziehen. Den Teig in die Form einfüllen und auf der oberen Schiene 50–60 Minuten backen lassen. Eventuell nach der halben Backzeit mit Alufolie abdecken. Die Torte auf einem Gitter auskühlen lassen. Die Sahne steif schlagen, süßen und würzen und auf den gebackenen Kuchen streichen. Kühl stellen.

Mandeltorte

150 g Mandeln · 125 g Butter · 125 g Ahornsirup oder Honig · 4 Eier · 1 gehäufter Eßl. Kakao oder 2 gehäufte Eßl. Caroben · 1 gehäufter Teel. Pulverkaffee · 125 g Weizen, fein gemahlen · 2 gestrichene Teel. Backpulver
Für die Form: Butter · Vollkornbrösel
Zum Bestreichen: ¼ l Sahne · 2 Eßl. Ahornsirup oder flüssiger Honig · 1 Messerspitze gemahlene Vanille · eventuell 1 Teel. Kakao oder Caroben

Zubereitungszeit: 20 Minuten
Backzeit: etwa 1 Stunden

Die Mandeln feinreiben. Die Butter mit dem Sirup oder dem Honig leicht erwärmen und verrühren, abkühlen lassen. Nun die ganzen Eier, den Kakao oder das Caroben, den Kaffee, die Mandeln, das Mehl und das Backpulver unterrühren. Eine Springform ausbuttern, ausbröseln und den Teig einfüllen. Die Form auf die mittlere Schiene des kalten Backofens stellen und den Kuchen bei 175 °C etwa 60 Minuten backen lassen. Den Kuchen auf einem Gitter auskühlen lassen. Die

Sahne steif schlagen, süßen und würzen. Die Oberfläche und den Rand der Torte damit bestreichen. Eventuell einen Teil der Sahne mit Kakao oder Caroben färben und mit dem Spritzbeutel Rosetten auf die Torte spritzen.

Plätzchen, Lebkuchen, Brötchen

Buttergebäck

100 g Mandeln · 300 g Weizen, fein gemahlen · ½ Teel. gemahlene Vanille · 2 Eigelbe · 150 g flüssiger Honig · 200 g kalte Butter Zum Bestreichen: Milch, Sahne oder 1 Eigelb und 1 Eßl. Milch Zum Bestreuen: Pistazien · Haselnüsse · Mandeln · Walnüsse

Zubereitungszeit: 1 Stunde und 30 Minuten
Ruhezeit: 1 Stunde
Backzeit: 15 Minuten

Die Mandeln brühen, schälen, auf Küchenkrepp trocknen lassen und feinreiben. Das Mehl auf die Arbeitsplatte schütten, die Vanille und die Mandeln auf dem Mehl verteilen. Die Eigelbe und den Honig in die Mitte in eine Mulde geben, die Butter in Würfel schneiden und auf dem Mehl verteilen. Alles mit kalten Händen rasch zu einem gleichmäßigen Teig verkneten. Zugedeckt 60 Minuten im Kühlschrank ruhen lassen. Wenig Teig zwischen Plastikfolie (zum Beispiel aufgeschnittene Gefrierbeutel) ausrollen, Formen ausstechen und auf ein mit Backpapier belegtes Blech legen. Den Backofen auf 195 °C vorheizen. Die Plätzchen mit Milch, Sahne oder Eimilch bestreichen. Mit gehackten Pistazien, Haselnüssen, geschälten und gehackten Mandeln bestreuen oder mit halbierten Walnußkernen belegen. Auf der oberen Schiene des vorgeheizten Backofens 10–15 Minuten backen lassen.

Varianten: Runde Plätzchen aus dem Teig ausstechen und in die Mitte Makronenmasse geben.

Zitronenmakronenmasse:
1 Eiweiß · einige Tropfen Zitronensaft · 1 Eßl. Ahornsirup · 75 g feingeriebene Haselnüsse · 25 g feingehacktes Zitronat

Schokoladenmakronenmasse:
1 Eiweiß · einige Tropfen Zitronensaft · 1 Eßl. Ahornsirup · 75 g ungeschälte, feingeriebene Mandeln · 1 gehäufter Teel. Kakao

Kokosmakronenmasse:
1 Eiweiß · einige Tropfen Zitronensaft · 1 Eßl. Ahornsirup · 1 Messerspitze gemahlene Vanille · 75 g Kokosflocken

Jeweils das Eiweiß mit dem Zitronensaft steif schlagen, vorsichtig den Sirup und die Geschmackszutaten unterziehen; die Makronenmasse muß steif bleiben. Die Makronenplätzchen wie oben backen.

Glasuren für Kleingebäck
*Für eine Honigglasur brauchen Sie: 20 g Butter · 3 Eßl. Honig · 1 Eßl. Zitronensaft.
Für eine Sirupglasur brauchen Sie: 20 g Butter · 4 Eßl. Ahornsirup · 1 Eßl. Zitronensaft.*

Jeweils die Butter erwärmen, den Honig oder Sirup und den Zitronensaft zugeben. So lange unter Rühren kochen, bis die Masse dick wird. Heiß auf das Gebäck auftragen. Gut trocknen lassen.

Wiener Nußbusserl

150 g Haselnüsse · 250 g weiche Butter · 175 g Honig · 1 Ei · ¼ Teel. gemahlene Vanille · 1 Eßl. Rum · 325 g Weizen, fein gemahlen · Milch

Zubereitungszeit: 40 Minuten
Ruhezeit: 2–3 Stunden
Backzeit: 12–15 Minuten

Die Haselnüsse feinreiben. Mit den Quirlen des Handrührgerätes die Butter schaumig rühren, den Honig, das Ei, die Vanille, den Rum und das

Plätzchen, Lebkuchen, Brötchen

Mehl unterrühren. Zuletzt die Nüsse zufügen. Wenn der Teig zu fest ist, etwas Milch zugeben. Ein Backblech mit Backpapier auslegen. Den Teig in einen Spritzbeutel füllen und Kränze auf das Blech spritzen. Kühl stellen und einige Stunden antrocknen lassen. Den Backofen auf 190 °C vorheizen und die Nußbusserl auf der mittleren Schiene des vorgeheizten Backofens in 12–15 Minuten hellgelb backen lassen.

Vanillekipferl

150 g Mandeln · 150 g Buchweizen, fein gemahlen · 150 g Weizen, fein gemahlen · 125 g flüssiger Honig · 1 gestrichener Teel. gemahlene Vanille · 175 g kalte Butter

Zubereitungszeit: 50 Minuten
Ruhezeit: 1 Stunde
Backzeit: 20–25 Minuten

Die Mandeln brühen, schälen, auf Küchenpapier trocknen lassen, dann feinreiben. Die Mandeln mit dem Mehl, dem Honig und der Vanille vermengen. Die Butter in Stückchen zugeben und daraus rasch einen glatten Teig kneten. Den Teig 1 Stunde zugedeckt im Kühlschrank ruhen lassen. Den Backofen auf 190 °C vorheizen. Nun kleine Kipferl (Hörnchen) aus dem Teig formen und auf ein mit Backpapier belegtes Blech legen. Auf der mittleren Schiene je nach Größe 20–25 Minuten backen lassen.

Spritzgebäck

100 g Haselnüsse · 200 g weiche Butter · 2 Eigelbe · 150 g Honig · ½ Teel. gemahlene Vanille · 300 g Weizen, fein gemahlen

Zubereitungszeit: 40 Minuten
Ruhezeit: 1 Stunde
Backzeit: 12–15 Minuten

Die Nüsse feinreiben. Die Butter mit den Eigelben, dem Honig und der Vanille verrühren. Das Mehl und die Nüsse zugeben. Den Teig zugedeckt bei Zimmertemperatur 60 Minuten ruhen lassen. Bleche mit Backpapier auslegen; den Backofen auf 200 °C vorheizen. Den Teig in eine Gebäckspritze füllen und Formen auf das Blech spritzen. Das Spritzgebäck auf der mittleren Schiene je nach Größe 12–15 Minuten backen lassen.

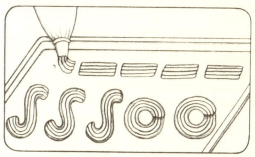

Spritzgebäck gelingt am besten mit einer großen Sterntülle an der Gebäckspritze.

Spitzbuben

125 g Weizen, fein gemahlen · 250 g Hafer, fein gemahlen · 2 gehäufte Teel. Backpulver · 1 Ei · 4 Eßl. flüssiger Honig · ¼ Teel. gemahlene Vanille · 1 Prise Salz · 125 g kalte Butter · Aprikosenmarmelade, Rezept Seite 99

Zubereitungszeit: 1 Stunde
Ruhezeit: 1 Stunde
Backzeit: 12–14 Minuten

Plätzchen, Lebkuchen, Brötchen

Die Mehlsorten und das Backpulver auf die Arbeitsfläche schütten, in die Mitte das Ei, den Honig und die Gewürze geben. Die Butter in Stücken auf dem Mehl verteilen und alles mit kalten Händen rasch zu einem glatten Teig kneten. Den Teig, in Alufolie gewickelt, 1 Stunde im Kühlschrank ruhen lassen. Den Backofen auf 170 °C vorheizen. Zwischen Plastikfolie (zum Beispiel einem aufgeschnittenen Gefrierbeutel) etwas Teig ausrollen, Sterne ausstechen. Bei jedem 2. Stern mit einem Fingerhut in der Mitte einen Kreis ausstechen. Ein Backblech mit Backpapier belegen. Die Plätzchen darauflegen und auf der mittleren Schiene in 12–14 Minuten hellbraun backen, dann abkühlen lassen. Nun auf die ganzen Sterne etwas Marmelade geben, mit einem gelochten Stern bedecken, dabei die Sternzacken verschieben, und die Spitzbuben gut trocknen lassen.

Tip: Den Hafer vor dem Mahlen auf die Fettfanne des Backofens schütten undd 1 Stunde bei 80 °C darren lassen (rösten). So entwickelt diese Getreidesorte erst ihr volles Aroma.

Ingwerplätzchen

200 g Weizen, fein gemahlen · 1 gestrichener Teel. Backpulver · 4 Eßl. flüssiger Honig · 3½ Teel. gemahlener Ingwer · abgeriebene Schale von ½ Zitrone (Schale unbehandelt) · 50 g kalte Butter
Zum Bestreichen: 1 Eigelb

Zubereitungszeit: 40 Minuten
Ruhezeit: 1 Stunde
Backzeit: etwa 15 Minuten

Das Mehl mit dem Backpulver mischen und auf die Arbeitsplatte schütten, in die Mitte den Honig, den Ingwer und die Zitronenschale geben. Die kalte Butter in Stücken auf dem Mehl verteilen und alles rasch zu einem glatten Teig kneten. Den Teig, in Alufolie gewickelt, 1 Stunde im Kühlschrank ruhen lassen. Den Backofen auf 170 °C vorheizen. Den Teig portionsweise zwischen Plastikfolie (zum Beispiel aufgeschnittenen Gefrierbeuteln) ausrollen. Plätzchen ausstechen und auf ein mit Backpapier belegtes Blech legen. Das Eigelb verquirlen und die Plätzchen damit bestreichen. Die Ingwerplätzchen auf der mittleren Schiene etwa 15 Minuten backen lassen.

Dattelmakronen

500 g Datteln · 150 g Weizen, fein gemahlen · 50 g feine Vollkornhaferflocken · 1 Becher Joghurt (175 ml) · 1 Ei · 4 Eßl. flüssiger Honig · ½ Teel. gemahlene Vanille · 1 gehäufter Eßl. Caroben · abgeriebene Schale von ½ Zitrone (Schale unbehandelt) · kleine Oblaten

Zubereitungszeit: 40 Minuten
Backzeit: 45 Minuten

Die Datteln entkernen und in ganz feine Stückchen schneiden. Das Mehl mit den Haferflocken vermengen, dann das Joghurt und das Ei unterrühren. Den Honig, die Vanille, das Caroben, die abgeriebene Zitronenschale und zuletzt die Datteln untermischen. Den Backofen auf 150 °C vorheizen. Nun mit zwei angefeuchteten Teelöffeln Makrönchen formen, auf Oblaten auf das Backblech setzen. Die Dattelmakronen auf der oberen Schiene etwa 45 Minuten mehr trocknen als backen lassen. Nach dem Auskühlen die überflüssigen Oblatenstücke abbrechen.

Plätzchen, Lebkuchen, Brötchen

Fruchtplätzchen

*250 g Zuckerrübensirup · 50 g Butter ·
250 g Weizen, fein gemahlen · 50 g Orangeat ·
50 g Zitronat · 75 g Mandeln · 1 gehäufter Teel.
Backpulver · ¼ Teel. gemahlene Vanille · ¼ Teel.
Zimt · je 1 Messerspitze gemahlene Nelken,
Kardamom und geriebene Muskatnuß*

Zubereitungszeit: 1 Stunde und 15 Minuten
Backzeit: 15 Minuten

Den Sirup mit der Butter erhitzen, das Mehl dazuschütten und in der heißen Flüssigkeit verrühren, gut abkühlen lassen. Das Orangeat und das Zitronat würfeln. Die ganzen Mandeln feinreiben und zusammen mit dem Orangeat, dem Zitronat, dem Backpulver und den Gewürzen unter den Teig kneten. Den Backofen auf 175 °C vorheizen. Den Teig zwischen Plastikfolie (zum Beispiel aufgeschnittene Gefrierbeutel) ausrollen, runde Plätzchen ausstechen und auf ein mit Backpapier belegtes Backblech legen. Die Fruchtplätzchen auf der oberen Schiene etwa 15 Minuten backen lassen.

Amerikanische Sirupplätzchen

*125 g Mandeln · 200 g Weizen, fein gemahlen ·
50 g Buchweizen, fein gemahlen · ¼ Teel.
gemahlene Vanille · 175 g Ahornsirup ·
125 g kalte Butter*

Zubereitungszeit: 1 Stunde
Ruhezeit: 1 Stunde
Backzeit: etwa 12 Minuten

Die Mandeln brühen, schälen, trocknen lassen und feinreiben. Die Mandeln mit dem Mehl, der Vanille und dem Sirup vermengen. Die Butter in Stückchen zugeben und schnell einen Teig kneten. Den Teig 60 Minuten, in Alufolie gewickelt, im Kühlschrank ruhen lassen. Den Backofen auf 175 °C vorheizen. Den Teig zwischen Plastikfolie (zum Beispiel aufgeschnittene Gefrierbeutel) ausrollen. Runde Plätzchen ausstechen, auf ein mit Backpapier belegtes Blech legen und auf der mittleren Schiene etwa 12 Minuten backen lassen.

Fruchtschnitten

Mit Honig zubereitet erhält man helles, mit Sirup dunkles Gebäck.

*150 g Mandeln oder Haselnüsse · 50 g Datteln ·
50 g Feigen · 75 g Zitronat · 75 g Orangeat ·
200 g weiche Butter oder Pflanzenmargarine ·
4 Eier · 250 g flüssiger Honig oder
Zuckerrübensirup · 500 g Weizen, fein
gemahlen · 1½ Päckchen Backpulver ·
1 gehäufter Teel. Zimt · ¼ Teel. gemahlene
Nelken · 1 gehäufter Eßl. Kakao oder 2 gehäufte
Eßl. Carobon · 3 Eßl. Rum
Nach Belieben für die Honigglasur: 30 g Butter ·
5 Eßl. Honig · 2 Eßl. Zitronensaft*

Zubereitungszeit: 50 Minuten
Backzeit: 35 Minuten

Die Mandeln oder Nüsse grobhacken. Die Datteln entsteinen und in feine Streifen schneiden. Die Feigen, das Zitronat und das Orangeat kleinwürfeln. Je feiner Sie die Trockenfrüchte schneiden, desto besser wird das Gebäck! Mit dem Knethaken des Handrührgerätes die Butter mit den ganzen Eiern und dem Honig oder Sirup verrühren. Das Mehl mit dem Backpulver, den Gewürzen und dem Rum dazurühren. Die Trocken-

Plätzchen, Lebkuchen, Brötchen

früchte unterrühren. Ein Backblech mit Backpapier auslegen. Den Teig auf das Papier streichen; am besten geschieht dies mit einem in Wasser getauchten Teigschaber. Das Blech auf die obere Schiene des kalten Backofens stellen und die Teigplatte bei 175 °C etwa 35 Minuten backen lassen. Entweder noch warm in Rauten schneiden und dann abkühlen lassen. In Blechdosen aufbewahren. Oder, wie im Rezept auf Seite 90 beschrieben, eine Honigglasur herstellen, das warme Gebäck damit bestreichen und dann in Rauten schneiden. Die Schnitten auf einem Gitter gut auskühlen lassen, bis sie nicht mehr kleben.

Mandelspekulatius

Es gibt spezielle Holzmodel für Spekulatius. Sie können aber auch mit normalen Förmchen Plätzchen ausstechen.

250 g Mandeln · 125 g Weizen, fein gemahlen · 1 Ei · 5 Eßl. flüssiger Honig · abgeriebene Schale von ½ Zitrone (Schale unbehandelt) · ½ Teel. Zimt · ½ Teel. gemahlener Kardamom · ¼ Teel. gemahlene Nelken · 1 Prise Piment · 75 g kalte Butter
Zum Bestreichen und Bestreuen: Milch · Mandelblättchen

Zubereitungszeit: 1 Stunde
Ruhezeit: 1 Stunde
Backzeit: 12–15 Minuten

Die Mandeln feinreiben, dann mit dem Mehl auf die Arbeitsfläche streuen. In die Mitte das Ei, den Honig, die Zitronenschale und die Gewürze geben. Die Butter in Stücke schneiden, auf dem Mehl verteilen und rasch einen gleichmäßigen Teig daraus kneten. Den Teig zugedeckt 1 Stunde im Kühlschrank ruhen lassen. Den Backofen auf 175 °C vorheizen. Etwas Teig zwischen Plastikfolie (zum Beispiel einem aufgeschnittenen Gefrierbeutel) ausrollen. Mit Modeln Formen eindrücken, ausschneiden und auf ein mit Backpapier belegtes Blech legen. Die Spekulatius mit Milch bestreichen, mit Mandelblättchen bestreuen und auf der mittleren Schiene 12–15 Minuten backen lassen.

Wiener Lebkuchen

Diese Kuchen eignen sich gut als Christbaumbehang.

200 g Mandeln · 50 g Zitronat · 50 g Orangeat · 400 g Weizen, fein gemahlen · 100 g Roggen, fein gemahlen · 250 g flüssiger Honig · 2 Eier · 1 gehäufter Teel. Zimt · je ½ Teel. Kardamom und gemahlene Nelken · 15 g Pottasche · etwa 1 Tasse Milch
Honigglasur (Rezept Seite 90) nach Belieben

Zubereitungszeit: 50 Minuten
Ruhezeit: 24 Stunden
Backzeit: 15–20 Minuten

Die Mandeln brühen, schälen, auf Küchenpapier trocknen lassen, dann feinreiben. Das Zitronat und das Orangeat kleinwürfeln. Auf die Arbeitsfläche die Mehlsorten schütten und in die Mitte eine Mulde drücken. In diese den Honig und die Eier geben. Die Gewürze, die Mandeln, das Zitronat und das Orangeat auf dem Mehl verteilen. Die Pottasche in wenig kaltem Wasser lösen und in die Mehlmulde gießen. Nun einen gleichmäßigen Teig kneten, dabei so viel Milch zugeben, daß er sich ausrollen läßt. Den Teig 24 Stunden, in Alufolie gewickelt, im Kühlschrank aufbewahren. Den Backofen auf 180 °C vorheizen. Den

Plätzchen, Lebkuchen, Brötchen

Teig zwischen Plastikfolie (zum Beispiel einem aufgeschnittenen Gefrierbeutel) ausrollen. Große Sterne, Herzen, Tannenbäume, Weihnachtsmänner und dergleichen ausstechen. Kleine Löcher zum Durchziehen der Bändchen für den Baumschmuck ausstechen. Die Lebkuchen auf ein mit Backpapier belegtes Blech geben und auf der mittleren Schiene je nach Größe 15–20 Minuten backen lassen. Die Kuchen nach Belieben mit Glasur bestreichen. Abkühlen lassen.

Basler Leckerli

150 g Mandeln · 100 g Haselnüsse · 50 g Zitronat · 50 g Orangeat · 3 Eßl. Rum · 600 g Weizen, fein gemahlen · 1 Päckchen Backpulver · 1 Päckchen Pfefferkuchengewürz oder ½ Teel. gemahlener Ingwer · je ¼ Teel. geriebene Muskatnuß, gemahlener Kardamom und Nelken · 1 gehäufter Teel. Zimt · 1 Zitrone (Schale unbehandelt) · 2 Eier · 600 g flüssiger Honig · 1 gehäufter Eßl. weiche Butter

Zubereitungszeit: 50 Minuten
Ruhezeit: 1 Stunde
Backzeit: etwa 25 Minuten

100 g Mandeln und die Nüsse grobhacken. Das Zitronat und das Orangeat kleinwürfeln, im warmen Rum ziehen lassen. Das Mehl mit dem Backpulver und den Gewürzen vermengen, mit dem Saft und der abgeriebenen Schale der Zitrone, den ganzen Eiern, dem Honig und der weichen Butter verrühren. Den Teig zugedeckt 1 Stunde ruhen lassen. In der Zwischenzeit die restlichen Mandeln brühen, schälen und der Länge nach halbieren. Nun die gehackten Mandeln und Nüsse, das Zitronat und das Orangeat unter den Teig rühren. Den Backofen auf 175 °C vorheizen. Ein Backblech mit Backpapier auslegen, den Teig mit einem in Wasser getauchten Teigschaber auf das Papier streichen. Die Oberfläche mit den halbierten Mandeln belegen. Die Teigplatte etwa 25 Minuten backen. Noch warm in kleine Rechtecke schneiden, auskühlen lassen und in einer Blechdose aufbewahren.

Mandellebkuchen

350 g Mandeln · 250 g flüssiger Honig · 4 Eier · 75 g Zitronat · 75 g Orangeat · 2 Eßl. Rum · 1 gehäufter Teel. Zimt · je 1 Messerspitze Piment, gemahlene Nelken, gemahlener Kardamom, geriebene Muskatnuß · 250 g Weizen oder Dinkel, fein gemahlen · 2 gehäufte Teel. Backpulver · runde Lebkuchen-Oblaten

Zubereitungszeit: 40 Minuten
Ruhezeit: 2 Stunden
Backzeit: 15–20 Minuten

250 g ungeschälte Mandeln feinreiben. 100 g Mandeln brühen, schälen, die Hälfte kleinhacken, die übrigen zur Seite legen. Den Honig und die ganzen Eier schaumig rühren, die gemahlenen und die gehackten Mandeln unterrühren. Das Zitronat und das Orangeat kleinwürfeln und mit dem Rum sowie den Gewürzen unter die Nußmasse rühren. Nun das Mehl mit dem Backpulver mischen und zur Teigmasse kneten. Den Teig 2 Stunden zugedeckt im Kühlschrank ruhen lassen. Den Backofen auf 170 °C vorheizen. Den festen Teig auf die Oblaten streichen und mit den restlichen Mandeln belegen. Die Lebkuchen 15–20 Minuten auf der oberen Schiene backen lassen.

Plätzchen, Lebkuchen, Brötchen

Aniszwieback 🌶

1 gehäufter Eßl. Anis · 300 g Weizen · 6 große Eier · 250 g flüssiger Honig · 1 gehäufter Teel. Backpulver · 2 Eßl. Pflanzenöl · 1 Tasse Milch Für die Form: Butter · Vollkornbrösel

Zubereitungszeit: 30 Minuten
Backzeit: etwa 55 Minuten

Den Anis zusammen mit dem Weizen mahlen. Die Eier trennen, die Eiweiße steif schlagen. Die Eigelbe und den Honig mit den Quirlen des Handrührgerätes schaumig rühren. Das Mehl mit dem Anis und dem Backpulver unterrühren. Das Öl und die Milch zugeben. Zuletzt vorsichtig den Eischnee unterziehen. Eine Kastenform ausbuttern, ausbröseln und den Teig einfüllen. Den Kuchen auf die mittlere Schiene des kalten Backofens stellen und bei 180 °C etwa 55 Minuten backen. Eventuell die Oberfläche mit Alufolie abdecken, wenn der Zwieback zu dunkel werden sollte. Auf einem Gitter auskühlen lassen. Den Kuchen frühestens nach 1 Tag in Scheiben schneiden. Die Scheiben entweder im Toaster oder auf dem Backblech rösten (im vorgeheizten Backofen bei 150 °C 10–20 Minuten; die Scheiben wenden). Die Zwiebäcke abgekühlt in einer Blechdose aufbewahren.

Eierweckerl 🌶

500 g Dinkel, fein gemahlen · 1 Würfel Hefe · 275–300 ml lauwarme Milch · 1 Prise Salz · 1 Eßl. flüssiger Honig · 1 Eßl. Pflanzenöl Zum Bestreichen: 1 Eigelb · 1 Eßl. Milch

Zubereitungszeit: 40 Minuten
Ruhezeit: 1 Stunde
Backzeit: 40 Minuten

Alle Zutaten müssen zimmerwarm sein. Das Mehl in eine Schüssel geben. In die Mitte eine Mulde drücken. Die Hefe in wenig lauwarmer Milch verrühren, in die Mulde gießen, mit etwas Mehl bedecken. Diesen Vorteig an einem warmen, zugfreien Platz, mit Küchentuch bedeckt, gehen lassen, bis er Blasen bildet. Nun das Salz, den Honig, das Öl und die restliche Milch zugeben. Den Teig kräftig kneten, dann zugedeckt gehen lassen, bis sich das Teigvolumen verdoppelt hat. Mit bemehlten Händen den Teig nochmals gut durcharbeiten, dann eine Rolle formen und diese in 16 gleich große Stücke schneiden. Aus jedem Stück ein Bällchen formen. Diese »Weckerl« in der Mitte einschneiden und auf ein mit Backpapier belegtes Blech legen. Den Ofen auf 210 °C vorheizen. Die Weckerl mit Eimilch bestreichen, nochmals kurz gehen lassen und 30–40 Minuten backen lassen.

Rosinenbrötchen 🌶

2 gehäufte Eßl. ungeschwefelte Rosinen · 350 g Weizen, fein gemahlen · 125 g grobe Haferflocken · 1 Würfel Hefe · 250–300 ml lauwarme Milch · 1 Eßl. flüssiger Honig · 1 Prise Salz · 2 Eßl. Pflanzenöl Zum Bestreichen: 1 Eigelb · 1 Eßl. Milch

Zubereitungszeit: 30 Minuten
Ruhezeit: 1 Stunde
Backzeit: 20–25 Minuten

Die Rosinen in heißem Wasser quellen lassen. Das Mehl mit den Haferflocken in einer Schüssel mischen. In die Mitte eine Mulde drücken. Die Hefe zerbröckeln und mit etwas lauwarmer Milch verrühren. Diesen Vorteig in die Mulde gießen, die Schüssel zudecken und an einen warmen, zugfreien Platz stellen. Die Rosinen abgießen

Plätzchen, Lebkuchen, Brötchen

und abtropfen lassen. Wenn der Vorteig Blasen bildet, den Honig, das Salz, das Öl und so viel Milch dazukneten, daß ein fester Teig entsteht. Mit dem Kochlöffel schlagen oder mit dem Knethaken der Küchenmaschine bearbeiten. Zum Schluß die Rosinen zugeben. Den Teig zugedeckt gehen lassen, bis sich das Teigvolumen etwa verdoppelt hat. Aus dem Teig eine Rolle formen und diese in 16 gleich große Stücke teilen. Aus jedem Stück ein Bällchen formen und zugedeckt nochmals etwa 10 Minuten gehen lassen. Den Backofen auf 230 °C vorheizen. Das Backblech mit Backpapier auslegen. Eine flache Schale Wasser zum Kochen bringen. Die Brötchen mit Eimilch bestreichen und auf der mittleren Schiene des Backofens 20–25 Minuten backen lassen. Das kochende Wasser auf den Boden des Backofens stellen, damit sich Dampf entwickelt. Die Brötchen abkühlen lassen.

Tip: Die Brötchen lassen sich gut einfrieren. Zum Auftauen etwa 10 Minuten in den auf 200 °C vorgeheizten Backofen geben; eine Schale kochendes Wasser auf den Ofenboden stellen.

Quarkbrötchen

2 gehäufte Eßl. ungeschwefelte Rosinen ·
1 gehäufter Eßl. Haselnüsse ·
150 g Magerquark · 1 Ei · 5 Eßl. Öl ·
1 Messerspitze Salz · 1 Eßl. Honig ·
300 g Weizen, fein gemahlen · 1 Päckchen Backpulver · Milch

Zubereitungszeit: 30 Minuten
Ruhezeit: 30 Minuten
Backzeit: 25–30 Minuten

Die Rosinen in Mehl wenden, die Nüsse vierteln. Den Quark mit dem Ei, dem Öl, dem Salz und dem Honig verrühren. Das Mehl und das Backpulver zugeben und bei Bedarf etwas Milch, so daß ein fester Teig entsteht. Zuletzt die Rosinen und die Nüsse untermischen. Den Teig 30 Minuten zugedeckt ruhen lassen. Den Backofen auf 220 °C vorheizen. Aus dem Teig eine Rolle formen und diese in 12 gleich große Stücke teilen. Aus jedem Stück ein Bällchen formen. Die Brötchen auf ein mit Backpapier belegtes Blech geben, mit Milch bestreichen und auf der mittleren Schiene des Backofens 25–30 Minuten backen lassen. Die Quarkbrötchen auf einem Gitter auskühlen lassen.

Marmeladen ohne Zucker

Marmeladen ohne Zucker sind nicht nur viel gesünder, sie schmecken auch besonders gut. Diese Marmeladen sind nur begrenzt haltbar. Angebrochene Gläser müssen im Kühlschrank aufbewahrt werden. Haltbarkeit erzielt man durch Sterilisieren (10 Minuten) in Einweckgläsern. Praktisch ist es, Früchte der Saison einzufrieren und bei Bedarf kleine Mengen Marmelade daraus zu kochen.

Marmeladen mit Biobin

500 g frisches Obst ohne Abschnitte oder ungezuckertes tiefgefrorenes Obst · 4 g Biobin (4 Meßbecher) · Saft von 1 Zitrone · Honig nach Belieben

Das Obst waschen oder schälen, eventuell entkernen und zerkleinern; tiefgefrorenes Obst auftauen lassen. Die Früchte mit dem in wenig Wasser klümpchenfrei angerührten Biobin, dem Zitronensaft und Honig vermengen und unter Rühren zum Kochen bringen. Wenn nötig, etwas Wasser zugeben. Die Marmelade sofort in Gläser füllen und verschließen. Kühl stellen.

Marmeladen mit Agar-Agar

500 g frisches Obst ohne Abschnitte oder ungezuckertes tiefgefrorenes Obst · Saft von 1 Zitrone · 8 g Agar-Agar (1 Päckchen) · Honig nach Belieben

Das Obst waschen oder schälen, eventuell entkernen und zerkleinern; tiefgefrorenes Obst auftauen lassen. Die Früchte mit dem Zitronensaft unter ständigem Rühren zum Kochen bringen, wenn nötig etwas Wasser zufügen. Das Agar-Agar in wenig Wasser klümpchenfrei anrühren, zum Fruchtbrei geben. Nochmals aufkochen lassen, dann sofort in Gläser füllen und verschließen. Die Marmelade abkühlen lassen und kühl stellen.

Varianten: Nach diesen beiden Grundrezepten können Sie alle Marmeladen kochen. Das Gefriergerät macht die Zusammenstellung von Früchten möglich, die nicht zur selben Zeit geerntet werden. Versuchen Sie einmal:
Erdbeeren und Rhabarber,
Himbeeren mit Orangenschale, nach Belieben mit Whisky,
Sauerkirschen und Himbeeren,
Stachelbeeren mit Zitronenschale, Vanille und Zimt,
Aprikosen mit frischer Zitronenmelisse,
Apfelgelee mit ganzen Erdbeeren und Ingwer,
Pflaumen mit Zimt und Rum.

Kalt gerührte Himbeer- oder Erdbeermarmelade

500 g reife Himbeeren oder Erdbeeren · 175 g Apfel- oder Birnendicksaft · Rum

Zubereitungszeit: 1 Stunde

Die Beeren waschen und, wenn nötig, entstielen; die Erdbeeren halbieren. Die Beeren mit dem Dicksaft im Rührbecher der Küchenmaschine 45 Minuten lang rühren. Die Marmelade sofort in vorbereitete Gläser füllen. Zurechtgeschnittenes Cellophanpapier in Rum tauchen und die Marmelade damit bedecken. Die Gläser verschließen und kühl stellen. Diese Marmelade ist begrenzt haltbar. Angebrochene Gläser müssen im Kühlschrank aufbewahrt werden.

Marmeladen ohne Zucker

Roh gerührte Zwetschgenmarmelade

1 kg Zwetschgen · 2 Eßl. Honig · 2 Eßl. Obstessig · ½ Teel. Zimt · 1 Messerspitze gemahlene Nelken

Zubereitungszeit: 20 Minuten

Die Zwetschgen waschen, entsteinen und mit dem Honig, dem Essig, dem Zimt und den Nelken im Mixer oder mit dem Mixstab pürieren. Dann in Gläser füllen und verschließen. Diese Marmelade ist nur begrenzt haltbar und sollte im Kühlschrank aufbewahrt werden.

Frische Pflaumen- oder Aprikosenmarmelade

Ungeschwefelte getrocknete Pflaumen ohne Kern oder ungeschwefelte Trockenaprikosen über Nacht in warmem Wasser einweichen. Man verwendet nur so viel Flüssigkeit, daß die Früchte eben bedeckt sind. Am Morgen mit so viel Flüssigkeit pürieren, daß eine dickflüssige Marmelade entsteht. Die frisch gerührte Pflaumenmarmelade ist sehr darmfreundlich. Geschmacklich abrunden kann man die Pflaumenmarmelade mit Zimt und gemahlener Vanille, in besonderen Fällen mit Zwetschgenwasser. Die Aprikosenmarmelade kann mit abgeriebener Orangenschale oder Orangenlikör abgeschmeckt werden.

Apfelkraut

ist ein natürlicher Süßstoff und ein aromatischer Brotaufstrich.

10 kg ungespritzte Äpfel

Zubereitungszeit: 2 Stunden

Die Äpfel waschen, achteln und von Blüte, Stiel und Kernhaus befreien. Die Apfelstücke mit so wenig Wasser wie möglich in einem Topf mit großem Durchmesser unter ständigem Rühren zum Kochen bringen. Vorsicht, die Masse brennt leicht an! So lange rühren und kochen, bis der Fruchtbrei musig ist. Einen Durchschlag mit einem Küchentuch auskleiden. Die Apfelmasse portionsweise in das Tuch schütten, zuerst abtropfen lassen, dann auspressen. Den gewonnenen Saft 30–40 Minuten einkochen, bis das Apfelkraut die Konsistenz von Honig hat. Die Menge ergibt etwa 1 250 g Apfelkraut.

Powidl

ist die böhmische Bezeichnung für ungesüßtes Zwetschgenmus.

3 kg reife Zwetschgen (die Früchte sollten überreif, das heißt schon etwas schrumpelig sein) · Rum

Zubereitungszeit: 2–3 Stunden

Die Früchte waschen, abtrocknen, halbieren und entkernen. Die Fruchtstücke in einem Topf mit großem Durchmesser zum Kochen bringen und ohne Deckel unter öfterem Umrühren so lange köcheln lassen, bis ein dickes Mus entstanden ist. Das Mus sofort in heiß ausgespülte Gläser

Marmeladen ohne Zucker

füllen. Zurechtgeschnittenes Cellophanpapier in Rum tauchen und die Oberfläche der Marmelade damit bedecken. Die Gläser verschließen, kühl und dunkel aufbewahren.

Hollermarmelade

Diese Marmelade ist eine Spezialität aus Niederbayern.

1 kg Hollerbeeren (Holunderbeeren) · 750 g Zwetschgen · 500 g Birnen · 1 gehäufter Teel. Zimt · ½ Teel. gemahlene Nelken · 150 g flüssiger Honig · Rum

Zubereitungszeit: 1 Stunde
Ruhezeit: 3 Stunden
Garzeit: 2 Stunden

Die Beeren waschen, auf Küchenpapier trocknen lassen und mit einer Gabel von den Rispen streifen. Die Zwetschgen waschen, abtrocknen, halbieren und entsteinen. Die Birnen schälen, von Kernhaus, Stiel und Blüte befreien und kleinschneiden. Die Früchte mischen, mit den Gewürzen und dem Honig vermengen und zugedeckt 2–3 Stunden ziehen lassen. Den Backofen auf 175 °C vorheizen. Die Masse in einen Topf mit großem Durchmesser geben und 2 Stunden im Backofen einkochen lassen, ohne umzurühren. Die Marmelade in heiß ausgespülte Gläser füllen. Die Oberfläche der Marmelade mit in Rum getauchtem Cellophanpapier bedecken und sofort verschließen. Die Hollermarmelade kühl und dunkel aufbewahren. Sie ist beschränkt haltbar (etwa 4–6 Monate).

Obst haltbar machen

Zum Schluß noch einige Tips, wie Sie einzelne Obstsorten am besten haltbar machen können.

Äpfel im Ganzen schälen, Kernhaus, Stiel und Blüte entfernen, die Früchte in Ringe schneiden und im Backofen bei 50–70 °C dörren; das dauert etwa 8–10 Stunden. Eine Schale Wasser auf den Boden des Backofens stellen und einen Kochlöffelstiel in die Backofentür klemmen. Beim Dörren beachten: Früchte nie staubtrokken dörren; 10% Feuchtigkeit müssen erhalten bleiben, sonst kann das Dörrgut beim Zubereiten keine Feuchtigkeit mehr aufnehmen!
Aprikosen einfrieren: Waschen, abtrocknen, im ganzen einfrieren, dann im Gefrierbeutel aufbewahren. Aprikosen dörren: Die Früchte waschen, abtrocknen, halbieren und entsteinen. Die Aprikosenhälften auf einem Blech in den Backofen geben, 10 Minuten bei 240 °C dörren, dann bei 70 °C weiter trocknen. Einen Löffelstiel in die Backofentür klemmen und eine Schale Wasser auf den Boden stellen. In Leinensäckchen trocken und luftig aufbewahren.
Birnen wie Äpfel.
Erdbeeren einzeln vorfrieren, dann in Gefrierbeuteln aufbewahren.
Himbeeren in kleine Plastikbehälter füllen und so einfrieren.
Johannisbeeren entstielen und portionsweise in Gefrierbeuteln einfrieren.
Kirschen mit Stein portionsweise in Gefrierbeuteln einfrieren.
Pfirsiche wie Aprikosen.
Rhabarber schälen, in Stückchen schneiden und portionsweise in Gefrierbeuteln einfrieren.
Stachelbeeren wie Johannisbeeren.
Zwetschgen einfrieren: waschen, abtrocknen, entsteinen, dann portionsweise im Gefrierbeutel einfrieren. Zwetschgen dörren: wie Aprikosen.

Rezept- und Sachregister

Kursiv gesetzte Seitenzahlen verweisen auf Farbbilder.

Äpfel 100
– mit Mandelhäubchen 55
Agar-Agar 12, 13
Ahornsirup 13
Alkohol 13
Allgäuer Topfenschmarrn 38
Ambrosia-Creme 59
Ambrosia-Obstsalat 49
Amerikanische Sirupplätzchen 93
Aniszwieback 96
Apfelbaiser 52
Apfelcreme 59
Apfelgelee 45
Apfel-Käse-Kuchen vom Blech 82
Apfelkraut 12, 99
Apfelkuchen mit Guß 81
Apfelpfannkuchen 33
Apfel-Pie 26
Apfelrolle 76
Apfelstrudel 26
Apfelsuppe 15
Apfeltaschen 82
Apfeltorte 86
Apfelwähe, Graubündner 27
Aprikosen 100
–, gefüllte 66
–, getrocknet 12
– Mistral 51
Aprikosenknödel 31
Aprikosenkompott 50
Aprikosenmarmelade, frische 99
Aprikosennudeln 25

Bananen, gebackene 56
Bananenmix 61
Basler Leckerli 95
Bavesen 29
Bayerische Creme 44
Bayerischer Semmelschmarrn 38
Bienenstich 75
Biobin 13
Birnen 100
Birnen-Pie 27
Biskuitroulade, gefüllte 85
Biskuitteig 85

Blini 37
Brandteig 83
Bratäpfel 55
Brotauflauf 23
Buchweizen 11, 12
Buchweizengrütze 42
Butter 12
Buttergebäck 90
Buttermilchsuppe 16

Caroben 12, 13
Creme, Ambrosia- 59
–, bayerische 44
– nach Fürst Pückler Art 60
–, russische 44
Crêpes aus Vollkorn 38
– Suzette *Umschlag-Vorderseite*, 39

Datteln getrocknet 12
Dattelcreme 57
Dattelkonfekt 67
Dattelmakronen 92
Dinkel 11
Dukatennudeln 25

Eclairs 84
Eierweckerl 96
Eis nach Cassata-Art 62
Erdbeeren 100
– Romanow 51
Erdbeermarmelade, kalt gerührte 98
Erdbeermix 61
Erdbeersauce 64
Erdbeertraum 58, *71*
Errötendes Mädchen 58

Fabrikzucker 8
Feigen, getrocknet 12
Feiner Obstsalat 49
– Tee-Kuchen 70
Flan 51
Französischer Obstauflauf *17*, 19
Frische Aprikosenmarmelade 99
– Pflaumenmarmelade 99

Fruchteis 62
Fruchtgelee 48
Fruchtjoghurt 60
Fruchtkaltschale 15
Fruchtkonfekt 67
Fruchtplätzchen 93
Fruchtschnitten 93
Fruchtwaffeln 40
Früchtekuchen 69
Frühstückszopf 75

Gebackene Bananen 56
– Topfenpalatschinken 39
Gefüllte Aprikosen 66
– Biskuitroulade 85
– Pflaumen 66
Gelatine 12
Gelee aus rohen Früchten 46, *54*
–, Pflaumen in 48
Germknödel *2. Umschlagseite,* 31
Gerste 11, 12
Getreide 10, 13
Gewichte 14
Gewürzkuchen 74
Glasuren für Kleingebäck 90
Grapefruits, überbackene 56
Graubündner Apfelwähe 27
Grießauflauf mit Früchten *18*, 20
Grießflammeri 43
Grießpudding 42
Grießschnitten 29
Grüne Grütze 46
Grünkern 11, 12

Hafer 11, 12
Haferflocken 12, 13
Haselnüsse 12
Hefeteig 74
Heidelbeersauce 64
Heiße Vanillesauce 64
Herren-Torte 87
Himbeeren 100
Himbeergelee 48
Himbeermarmelade, kalt gerührte 98
Himbeersauce 64

101

Rezept- und Sachregister

Hirse 11, 12
Hirsebrei 43
Hirseflocken 13
Hirseflocken-Quark-Auflauf mit
　Obst 21
Hirsesoufflé 28
Hollermarmelade 100
Holunderkaltschale 15
Honig 12, 13
Honigäpfel 55

Ingwerplätzchen 92
Joghurt 12, 13
–, selbstgemachter 58
Joghurtmüsli 60
Johannisbeeren 100

Käsekuchen *72*, 81
– vom Blech, Apfel- 82
Käse-Sahne-Torte 86
Käsetaschen 29
Kaiserschmarrn 37
Kakao 12
Kalt gerührte Erdbeermarmelade 98
– Himbeermarmelade 98
Kalte Vanillesauce 64
Karottenmix 61
Kartoffelauflauf, süßer 22
Kirschen 100
Kirschenknödel 32
Kirschenmichel 21
Kletzenbrot 78
Kokosmakronenmasse 90
Kuchen, feiner Tee- 70
Künstliche Süßstoffe 10
Kürbiskompott 50

Lebensmittel, Vollwert- 12
Lebkuchen, Wiener 94
Leckerbissen des Sultans 70
Leckerli 66
–, Basler 95
Leinsamen 12
Lexikon der besonderen Zutaten 13
Linzer Torte 87, *3. Umschlagseite*
Lutscher 68

Magerquark 12
Mais 11, 12
Maiskeimöl 12
Mandelbiskuitteig 85
Mandelcreme 41
Mandeleis 63
Mandelgelee mit Sahne 47
Mandellebkuchen 95
Mandelmürbeteig 79
Mandelmus 13
Mandeln 12
Mandelpudding 42
Mandelspekulatius 94
Mandeltorte 89
Mandelwaffeln 40
Marmelade mit Agar-Agar 98
– mit Biobin 98
Marzipan 66
Maße 14
Milch 12
Mohn 12
Mohnrolle 77
Mokkacreme 47
Mühlen 11
Mürbeteig 79

Napfkuchen 69
Natürliche Süßungsmittel 9
Nockerl, Tataren- 30
Nüsse 13
Nugat 67
Nußbusserl, Wiener 90
Nußkuchen, Wiener 70
Nußmus 13
Nußrolle 76

Obst haltbar machen 100
Obstauflauf, französischer *17,* 19
Obstkuchen mit Mandelbaiser 80
Obstsalat, Ambrosia- 49
–, feiner 49
–, winterlicher 49
Öltteig 80
–, Quark- 81
Ofenschlupfer 19
Orangeat 69
Orangeneis 62

Orangenkuchen 73
Orangenmix 61
Orangenschale 14

Pfannkuchen Georgette 34
–, überbackene *Umschlag-Vorderseite,* 34
Pfirsiche 100
Pfirsichkaltschale 16
Pfirsichschnee 47
Pflanzenmargarine 12
Pflaumen, gefüllte 66
–, getrocknet 12
– in Gelee 48
Pflaumencreme 57
Pflaumenmarmelade, frische 99
Pflaumensuppe 16
Pie, Apfel- 26
–, Birnen- 27
Pistazien 12
Powidl 99

Quark-Auflauf mit Obst, Hirseflocken- 21
Quarkbrötchen 97
Quarkcreme mit Sanddorn 58
Quarkkeulchen 28, *36*
Quarknockerl 30
Quark-Öl-Teig 81
Quarkpfannkuchen 33
Quarktaschen 83
Quarkwaffeln *35,* 40

Reis 11, 12
– Romanow 44
– Trauttmansdorff 43
Reisauflauf 20
Rhabarber 100
– in Weinschaum 52, *Umschlag-Rückseite*
Rhabberauflauf 22
Rhabbergrütze 45
Rhabberkompott, roh gerührtes 50
Rhabarberkuchen mit Honigbaiser 73
Roggen 11, 12

Naturgemäße Ernährung durch biologische Vollwertkost:

Ingrid Früchtel · **Das große Vollkorn-Kochbuch**
Dieses erste große Vollkorn-Koch- und Backbuch bringt umfassende Informationen zu jeder Frage der Vollkornküche und zeigt, wie man mit Vollgetreide und naturbelassenen Lebensmitteln ganz besonders gut und köstlich kochen und backen kann. Tips für den Einkauf, hilfreiche Hinweise für spezielle Küchengeräte und für die Getreidezubereitung sowie ein „Backkurs" für die Getreidebäckerei vervollständigen diesen aktuellen Ratgeber. 132 Seiten mit 12 großformatigen Farbtafeln und vielen informativen Zeichnungen.

Eva Rittinger · **Das biologische Vollwert-Kochbuch**
Der komplette Ratgeber der biologischen Ernährung = lebendigen Vollwertkost. Er bringt die besten Rezept-Ideen für Salate, Rohkost, Gemüse und Wildgemüse, für Hülsenfrüchte, Kartoffeln, Getreide, Brot, Kuchen, Gebäck und Desserts, die in jeder Küche gelingen. So zubereitet bleiben die wertvollen Inhaltsstoffe erhalten. So gelingen die hochwertigen und köstlich schmeckenden Mahlzeiten ganz sicher – mit Zutaten, die es überall zu kaufen gibt. 132 Seiten mit 12 großformatigen Farbtafeln und vielen informativen Zeichnungen.

Ingrid Früchtel
Das neue vegetarische Kochbuch
Der umfangreiche Ratgeber für alle Freunde der modernen vegetarischen Küche, der eine optimale, naturgemäße Ernährung ermöglicht. Er bringt die besten vegetarischen Rezept-Ideen, von Rohkost über raffiniertpikante Hauptgerichte bis zu Selbstgebackenem, und zeigt, wie gut man ohne Fleisch mit naturbelassenen Zutaten kochen kann. Spezielle Tips für richtiges Einkaufen und Zubereiten, für besondere Zutaten und Küchengeräte sowie Menüvorschläge runden den Rezeptteil ab. 132 Seiten mit 12 großformatigen Farbtafeln und vielen informativen Zeichnungen.

Ingrid Früchtel
Das große Vollkorn-Backbuch
Das große Spezialbuch für alle, die gerne vollwertig backen – mit naturbelassenen Lebensmitteln. Alles über das Backen mit Vollgetreide, Brot, Kuchen, Plätzchen, Strudel, Waffeln, pikantes Backwerk und vieles mehr: hier gelingt alles und schmeckt köstlich. Viele Tips aus der Praxis – zu Getreidemühlen, Backgeräten und Zutaten – machen das Backen leicht. Das umfassende alternative Backbuch. 132 Seiten mit 12 großformatigen Farbtafeln und vielen informativen Zeichnungen.

GU
Gräfe und Unzer

Rezept- und Sachregister

Roh gerührtes Rhabarberkompott 50
Roh gerührte Zwetschgenmarmelade 99
Rohe rote Grütze 45
Rohrnudeln 24
Rosinen 12, 13
Rosinenbrötchen 96
Rosinen-Rum-Kugeln 68
Rote Grütze, rohe 45
Rüblitorte 88
Rum-Kugeln, Rosinen- 68
Rumrosinen 69
Russische Creme 44

Sago 12
Sahne 12
Sahne-Eis, Vanille- 62
Sahne-Torte, Käse- 86
– mit Früchten 86
Sanoghurt 13
Sauerkirschauflauf 20
Sauerkirschcreme 41
Sauerteig 14
Scheiterhaufen 23
Schlemmerfrühstück *53*, 57
Schokoladencreme 41
Schokoladenkuchen mit Sauerkirschen 74
Schokoladenmakronenmasse 90
Schokoladensauce 65
Selbstgemachter Joghurt 58
Semmelschmarrn, bayerischer 38
Sesam 12, 14

Sesamkonfekt 67
Sirup 12
Sirupplätzchen, amerikanische 93
Spitzbuben 91
Spritzgebäck 91
Stachelbeeren 100
Streusel 80
Süßer Kartoffelauflauf 22
Süßstoffe, künstliche 10
Süßungsmittel, natürliche 9

Tataren-Nockerl 30
Tee-Kuchen, feiner 70
Topfenpalatschinken, gebackene 39
Topfenrahmstrudel 25
Topfenschmarrn, Allgäuer 38
Torte, Herren- 87
–, Linzer 87, *3. Umschlagseite*
Trockenfrüchte 14
Türkenauflauf 23

Überbackene Grapefruits 56
– Pfannkuchen *Umschlag-Vorderseite*, 34

Vanille 14
Vanillekipferl 91
Vanillequark 57
Vanille-Sahne-Eis 62
Vanillesauce, heiße 64
–, kalte 64
Vollkornbrösel 14
Vollkornpfannkuchen 33

Vollweizengrieß 14
Vollwert-Lebensmittel 12

Walnüsse 12
Walnußtorte 88
Weihnachtsstollen 78
Weinschaum 65
–, Rhabarber in 52, *Umschlag-Rückseite*
Weizen 11, 12
Wespennester 24
Wiener Lebkuchen 94
– Nußbusserl 90
– Nußkuchen 70
Windbeutel 84
Winterlicher Obstsalat 49

Zimteis 63, *Umschlag-Rückseite*
Zitronat 69
Zitronenmakronenmasse 90
Zitronenschale 14
Zitronenschaum 52
Zuckerrübensirup 14
Zutaten, Lexikon der besonderen 13
Zwetschgen 100
Zwetschgengrütze 46
Zwetschgenknödel nach böhmischer Art 30
Zwetschgenmarmelade, roh gerührte 99
Zwetschgennudeln 25
Zwetschgenrolle 77
Zwiebackauflauf mit Früchten 21